KB266918

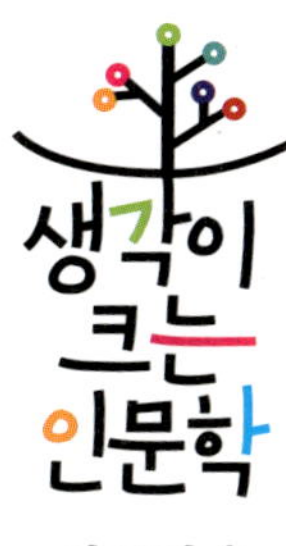
생각이
크는
인문학
아름다움

생각이 크는 인문학_아름다움

지은이 한기호
그린이 이진아

1판 1쇄 발행 2013년 4월 29일
1판 14쇄 발행 2023년 12월 1일

펴낸이 김영곤
키즈사업본부장 김수경
에듀3팀 이영애 박시은
아동마케팅영업본부장 변유경
아동마케팅1팀 김영남 황혜선 이규림 정성은 손용우
아동마케팅2팀 임동렬 이해림 최윤아
아동영업팀 강경남 오은희 김규희 황성진 양슬기
디자인팀 이찬형

펴낸곳 (주)북이십일 을파소
출판등록 2000년 5월 6일 제406-2003-061호
주소 (우 10881) 경기도 파주시 회동길 201(문발동)
연락처 031-955-2100(대표) 031-955-2177(팩스)
홈페이지 www.book21.com

ⓒ 한기호, 2013

ISBN 978-89-509-4858-0 43100

책 값은 뒤표지에 있습니다.

- 제조자명 : (주)북이십일
- 주소 및 전화번호 : 경기도 파주시 회동길 201(문발동) / 031-955-2100
- 제조연월 : 2023.12.
- 제조국명 : 대한민국
- 사용연령 : 8세 이상 어린이 제품

생각이 크는 인문학

② 아름다움

글 한기호 **그림** 이진아

을파소

목 차

'무엇보다 다홍치마'인 시대에서
진정한 아름다움이란?

'같은 값이면 다홍치마'라는 속담은 모든 조건이 같으면 예쁜 게 더 좋다는 뜻을 담고 있어요. 사람들이 아름다움을 어떻게 생각하는지 잘 보여 주는 예라고 할 수 있습니다. 그런데 정말 다른 조건이 같을 때만 예쁜 걸 고를까요? 요즘은 예쁘다는 것이 다른 조건을 다 물리칠 정도로 중요한 조건으로 여겨지고 있어요. 그렇다면 속담은 이제 이렇게 바뀌어야 하는 게 아닐까요? '무엇보다 다홍치마'라고요.

아름다움은 아주 오랫동안 사람들의 마음을 지배하고 큰 힘을 발휘해 왔어요. 아름다운 여인의 마음을 얻기 위해 많은 이야기 속의 왕자들은 험한 산을 넘어야 했고, 예술가들은 아름다움을 표현해 내기 위해 자신의 인생을 걸기도 했지요. 심지어 트로이 전쟁은 가장 아름다운 여신이라는 타이틀 때문에 벌어진 전쟁이지요. 아름다움이란 무엇일까요? 예쁘다는 것이 도대체 무엇이기에 이렇게 사람들이 열광하는 걸까요?

이제부터 아름다움에 관한 다양한 궁금증을 통해 아름다움이 무엇인지 살펴보고자 합니다. 앞서 이야기한 것처럼 아름다움은 아주 오랫동안 인류를 지배해 온 광범위한 주제이기 때문에 이 책에서 아름다움에 관한 모든 이야기를 할 수는 없었어요. 추상적이고 어려운 이야기보다는 구체적인 사례를 통해 여러분들이 아름다움의 가치에 대해 생각해 볼 수 있으면 좋겠다는 생각으로 글을 썼지만, 완성하고 나니 역시 아름다움은 결코 쉽게 다룰 수 있는 주제가 아니라는 생각이 듭니다.

이 책의 목적은 아름다움이라는 주제에 대해 많은 정보를 주거나 아름다움이 어떤 것이라는 정의를 내리는 것이 아닙니다. 그보다는 여러분들이 아주 중요하게 생각하는 아름다움, 예쁜 것 등에 대해 진지하게 고민하는 시간을 가지길 원합니다.

여러분은 왜 예뻐지고 싶은지, 왜 사람들이 아름다운 것에 열광하는지, 우리에게 아름다움이 어떤 의미가 있는지 생각해 봤나요? 여러분들이 아름다움이 어떤 의미가 있는

지 생각하는 시간을 가진다면 그것으로 이 책의 목적은 달
성한 것이라 할 수 있어요.

나아가 여러분들이 아름다움이란 가치에 무작정 이끌리
는 것이 아니라 스스로 아름다움의 가치를 매길 수 있게
된다면 더할 나위 없이 좋겠습니다.

한기호

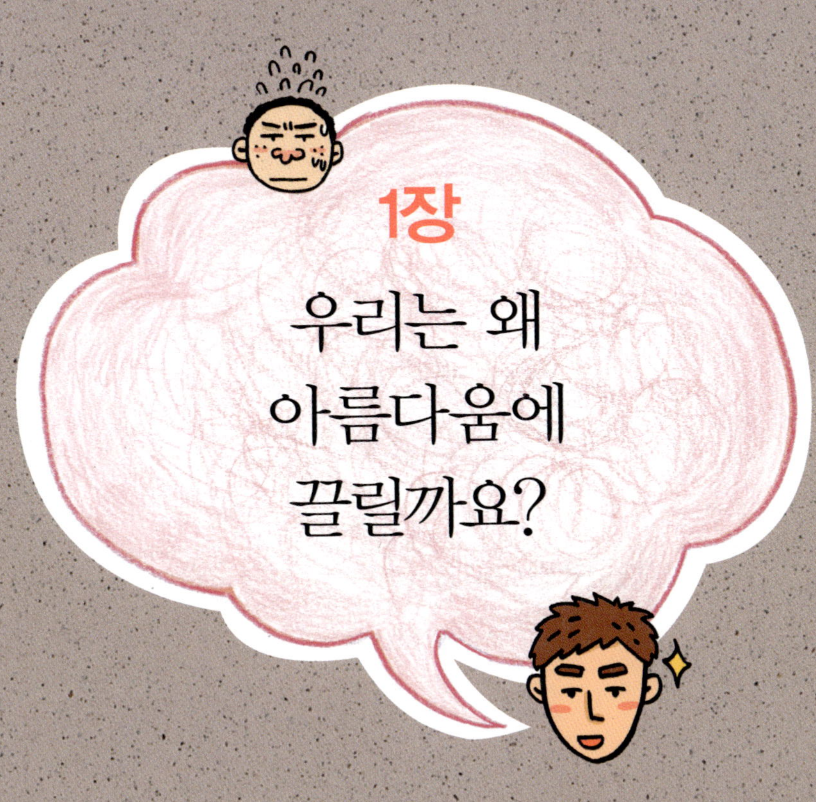
1장

우리는 왜
아름다움에
끌릴까요?

아름다움은 초미의 관심사

"아름다움은 얼굴에 있지 않다. 그것은 마음속의 빛이다."
－칼릴 지브란

이 말은 《예언자》라는 시집으로 유명한 작가 칼릴 지브란*이 남긴 말입니다. 여러분은 이 말을 어떻게 생각하나요? 아마 많은 사람들이 이 말에 동의할 거라 생각합니다. 외모보다 마음이 더 중요하고 마음의 아름다움이 결국은 겉으로 드러난다고 말이죠. 하지만 사람들은 자신의 외모를 꾸미느라 많은 시간과 노력을 들입니다. '같은 값이면 다홍치마'라는 속담도 있듯이 내면의 아름다움과 함께 외모를

★ **칼릴 지브란(1883~1931)**
철학자이자 화가, 소설가, 시인이다. 레바논에서 태어났지만 주로 유럽과 미국에서 활동했다. 뉴욕과 보스턴에서 전시회를 열 정도로 미술적 재능도 뛰어났다. 평생을 레바논과 뉴욕 등을 넘나들면서 쌓은 독특한 세계관으로 전 세계 독자들의 사랑을 받았다. 작품으로는 영어 산문시집 《예언자》, 아랍어로 쓴 소설 《부러진 날개》 등이 유명하다.

갖춘다면 금상첨화겠죠.

그런데 요즘 아름다움에 대한 관심은 이 정도를 훨씬 넘어서고 있어요. 외모에 대한 지나친 관심 때문에 이제 내면의 아름다움은 돌볼 겨를이 없어진 듯합니다. 심지어 외모를 가꾸면 내면의 아름다움은 쉽게 얻을 수 있는 것처럼 생각하기도 하죠.

사춘기 때 외모에 대한 관심이 폭발적으로 증가하지만 사실 갓난아기부터 나이 든 노인까지 누구나 외모에 관심이 있어요. 마치 돈이나 권력, 건강, 지식같이 누구나 아름다움을 갖고 싶어 하고, 곁에 두고 싶어 하는 것 같아요. 그리고 아름다워지면 행복과 행운도 함께 따라올 것이라고 기대하죠. 그런데 아름다움이 정말로 그런 것일까요?

아름다움은 돈과 비슷한 것 같습니다. 돈은 그 자체로는 아무 의미도 없는 쇳덩어리나 종잇조각에 불과한 물건입니다. 다만 사람들 간의 약속을 통해 사물의 가치를 매기는 수단이 되는 것이죠. 그런데 마냥 좋기만 한 것 같은 돈 때문에 불행해진 사람들의 이야기를 자주 들을 수 있어요. 행복의 수단이라 생각했던 돈이 많이 생겨서 오히려 불행해질 수 있는 것처럼 아름다움이 사람을 불행하게 만들기도 합니다. 돈을 잘 알고 사용할 때 행복해질 수 있는 것처럼 결국 아름다움에 대해서도 잘 알아야 할 것 같습니다. 말도 많고 탈도 많은 아름다움. 이제 하나씩 알아볼까요?

우선 다음 질문에 답해 보세요.

각자 다양한 연예인이 머릿속에 떠오를 거예요. 요즘 한창 인기 있는 아이돌 가수에서 드라마나 영화에 등장하는 배우, 아니면 인기 있는 스포츠 스타의 이름을 말하는 친구들도 있을 것입니다. 그럼 이번엔 질문을 바꿔 보죠.

질문이 좀 달라졌습니다. 그런데 여러분의 대답은 어떤가요? 조금씩 차이는 있겠지만 비슷한 대답을 한 친구들이 꽤 많을 것 같습니다. 그리고 그중 많은 사람들이 예쁘고 멋지다고 생각하는 연예인과 좋아하는 연예인을 같은 사람으로 꼽았을 거예요. 사람들은 아름다운 외모를 지닌 사람을 좋아하고, 자기가 좋아하는 사람을 예쁘고 멋있다고 생각합니다. 이것은 어쩌면 인간의 본성일지도 몰라요.

최근엔 아름다움에 대한 관심과 열정이 그 어느 때보다도 강한 것 같습니다. 성형수술을 하지 않은 연예인을 찾는 게 더 어려울 지경이고, 졸업 선물로 성형 상품권이 인기를 얻고 있으며, 초등학생까지 화장을 하는 요즘의 세태를 보면 사람들이 얼마나 예뻐지고 싶어 하는지 알 수 있어요.

아름다움의 가치는 얼마나 될까요?

외모에 관심이 높아진 데에는 개인적인 경험도 큰 역할을 할 것입니다. 예를 들어 평범한 외모를 가진 사람보다 아름다운 외모를 가진 사람의 부탁을 더 잘 들어준다거나, 학교에서 물건이나 돈이 없어지면 험상궂게 생긴 애가 의심을 받는 일들이 그런 경우입니다.

얼마 전 텔레비전에 출연한 악역 전문 배우는 험상궂게 생긴 자신의 외모 때문에 평소에도 사람들이 나쁜 사람으로 생각한다고 털어놓은 적이 있어요. 이런 것이 외모에 대

내 딸 맞냐…
썩 못지우냐?
학교 다녀오겠습니다.
엄마 화장품

한 대표적인 편견입니다. 이런 편견은 아주 다양한 곳에서 드러납니다. 그러니 배우같이 외모가 중요한 직업뿐만 아니라 가수나 아나운서같이 방송에 출연하는 사람들에게 아름다운 외모는 필수적인 것처럼 되었죠. 심지어 정치인을 뽑을 때에도 외모는 큰 영향을 미칩니다.

외모에 대한 관심이 자연스러운 본성이라면 그걸 막는 것은 쉽지 않을 거예요. 문제는 그 관심이 편견과 오해를 만들어 내고 그래서 외모만 중요하다고 믿는 잘못된 생각에 있습니다.

실제로 텔레비전이나 애니메이션, 동화, 영화 같은 이야기 속에 등장하는 주인공 대부분은 성격도 좋고 멋지고 예쁩니다. 반면 주인공을 괴롭히는 역할의 인물은 호감이 가지 않는 외모로 그려지는 경우가 대부분이죠.

주인공과 악역을 외모로 구분하는 이야기는 우리 주변에 흔합니다. 그래서인지 사람들은 외모만 보고 그 사람의 성격이나 인격을 근거 없이 넘겨짚곤 합니다. 험상궂게 생긴 사람은 악당이라고 생각하고, 멋지게 생긴 사람은 주인공일 것이라 짐작하는 것이죠. 이런 생각은 뿌리 깊은 편견으로 남아서 예쁘거나 멋지지 않은 '우리 대부분'을 괴롭히곤 합니다. 예쁘지 않은 것도 억울한데 성격이 나쁘다고 오해받는다면 두 배로 억울할 테니까요.

외모에 대한 편견의 많은 부분은 어릴 때부터 들어온 이야기에 책임이 있습니다. 백설공주와 인어공주는 예쁘고 성격도 좋아요. 반면 마녀나 악당은 험상궂고 무섭게 표현됩니다. 이런 그림들로 우리도 모르는 사이에 '착한 주인공은 미인이고, 악당은 못생겼다'는 공식이 머릿속에 자리 잡게 되는 거예요. 한 발 더 나아가 '미인은 착하고 못생긴 사람은 악당이다'라는 공식으로도 슬쩍 변하게 되죠.

그런데 다들 경험해 봤겠지만 이런 공식은 백 퍼센트 맞아 떨어지지 않습니다. 외모는 아름답지만 못된 성격을 가진 사람이 있고, 외모는 험상궂지만 천사 같은 마음씨를 지닌 사람도 있습니다. 이런 사실을 모두 알고 있음에도 불구하고 편견을 버리기는 쉽지 않습니다.

외모에 대한 지나친 관심은 미디어와도 관련이 있습니다. 아주 오랜 옛날, 작은 부족 단위로 모여 살던 시절에는 한 사람이 평생 만날 수 있는 사람의 수가 그리 많지 않았습니다. 몇십 명에서 많아야 수백 명에 불과했겠죠. 그 사람들 중에서 아름다운 외모를 지닌 사람이 몇이나 됐을까요? 주변 사람들의 외모는 서로 비슷한 수준이었을 테고, 아름다움의 기준은 요즘보다 훨씬 낮았을 것입니다. 그러나 지

저기요….
뭐 좀 여쭤봐도 될까요?
글쎄요.
모르겠는데요.
시큰둥
저기요…
뭐 좀 여쭤봐도 될까요?
넵! 뭘 도와드릴까요?
착!

금은 세계 각지의 미남미녀를 텔레비전 채널만 돌리면 만날 수 있습니다. 이런 환경에서는 실제보다 아름다움의 기준이 높아질 수밖에 없습니다. 많은 사람들이 텔레비전 속 연예인보다 덜 예쁠 테죠. 이렇듯 텔레비전을 통해 만들어진 착각이 예뻐지고 싶은 열망에 불을 지피는 것입니다.

물론 사람의 외모도 우리의 삶에 필요한 것임에 분명합니다. 다만 아름다움이 얼마만큼의 가치가 있는지 합리적이고 공정한 판단을 내리는 것이 중요한 것이죠.

아름다움의 값어치는 얼마일까요? 아름다움의 가치를 높이 평가하고 중요성을 강조하는 사람들은 나름의 훌륭한 논리를 가지고 있어요. 특히 요즘과 같은 미디어가 발달한 사회에선 그들의 논리가 더욱 설득력을 갖는 것 같습니다. 그들이 어떤 주장을 하는지 볼까요?

외모의 중요성을 강조하는 사람들의 주장

아름다움을 추구하는 것은 인간의 본능이며, 권리이다. 그러니 아름답게 보이기 위해 치장하고 자신을 꾸미는 것을 탓할 수는 없다. 오히려 정당하고 자연스러운 활동이라고 할 수 있을 것이다. 게다가 화려한 날개를 가진 공작이 암 컷을 유혹하기에 유리한 것처럼 아름다운 외모는 경쟁력이 된다.

예쁜 옷을 입고 더 당당하게 걸을 수 있는 것도, 성형수 술로 외모 콤플렉스를 극복하고 삶에 만족감을 얻는 것도 아름다움의 힘을 보여 주는 사례이다. 따라서 성형수술을 통해 외모를 가꾸는 것을 비난해서는 안 된다. 많은 이들 이 외모가 아닌 능력과 내면으로 판단해야 한다고 하면서 성형수술을 하거나 외모 가꾸기에 열중하는 사람들을 비 난한다. 하지만 이런 것은 모두 능력과 내면을 평가받고 싶 은 마음에서 나오는 것이다. 호감을 주지 않는 외모를 보면 사람들은 그 사람의 품성과 능력을 낮게 평가하는 경향이 있다. 외모를 가꾸는 것은 외적인 아름다움으로 내면을 감 추려는 것이 아니라 부족한 외모 때문에 당하는 부당한 편 견을 이겨 내기 위한 것이다.

외모가 다른 능력의 부족을 메울 수 있는 최상의 가치는 아닐지 몰라도 긍정적인 역할을 하는 것만은 분명하다. 특 히 요즘처럼 이미지가 중요한 시대에는 더 그렇다. 실제로 여러 실험에서 드러나듯이 우리는 그 사람의 외모를 보고 선입견을 갖는다. 외모는 권력이고 능력이다. 그것을 외모지상주의니, 상업주의에 물든 주체성 없는 생각이니 하며 비난하는 것은 대안 없는 비판에 불과한 것이다. 현실은 철저히 외모에 큰 권력을 부여하고 있기 때문이다.

이들에게 아름다운 외모는 돈이고 권력이며 다른 사람을 움직일 수 있는 힘입니다. 그러니 그걸 갖는다는 건 굉장히 의미 있는 일이고 중요한 일이겠죠. 하지만 외모의 중요성에 대해 모두 같은 생각을 하는 것은 아니에요. 다른 사람들은 외모를 강조하는 풍조가 결국은 사람들을 차별하게 만든다고 주장합니다. 그들은 어떤 주장을 펼치는지 볼까요?

외모지상주의에 반대하는 사람들의 주장

외모를 가장 중요하게 여기는 외모지상주의의 가장 큰 문제는 외모를 바탕으로 사람을 차별한다는 점이다.

한 사람을 평가할 때 외모를 기준으로 성품과 능력을 가늠하는 것은 제대로 된 판단이라 할 수 없다. 잘생긴 사람이 항상 착하고, 능력이 좋은 것은 아니다. 하지만 사람들은 이런 오류를 자주 범한다. 잘생긴 사람이 더 상냥해 보이고, 더 똑똑할 것이라 생각하는 것이다. 어찌 보면 사람의 외모로 그 사람의 전체를 판단하는 것은 피하기 힘든 습성처럼 보일 수도 있다. 외모지상주의는 이런 습성에서 나온 결과물일수도 있지만 이런 습성을 부추기기도 한다.

그것은 분명 옳지 않다. 노력이 아닌 타고난 외모로 자신의 능력을 제대로 평가받지 못하는 사회를 정의롭다 할 수 있을까? 옳지 못한 기준은 공정한 사회에 대한 믿음을 무너뜨리기 때문에 정의롭고 발전적인 사회를 구성하는 데 방해가 된다.

옳지 못한 기준에 의한 차별은 역사에서도 자주 등장했다. 단지 여자라는 이유만으로 부당하게 차별 받고, 피부색이 검다는 이유만으로 차별을 받았던 것이다. 여전히 아랍권에서는 여성이 차별 받고 있으며, 서구에는 유색 인종에 대한 차별이 암암리에 남아 있다. 이것이 옳지 못하다는 것은 이제 누구나 다 알고 있다. 같은 맥락에서 외모로 사람을 판단하는 것 역시 옳지 못하다. 비록 외모가 중요하고 외모로 사람의 가치를 추론하는 것이 습성이라고 해도 절대 바꿀 수 없는 것은 아니다. 그것이 습성이라는 이유로 정당화해서도 안 된다. 인간의 폭력성이 하나의 습성이고 본능적인 것이라 해도 폭력을 사용할 때 처벌하는 것과 마찬가지라 할 수 있다.

외모를 단지 외모로서 판단한다면 아무런 문제가 없습니다. 문제는 외모로 그 사람의 전부를 판단할 때입니다. 외모지상주의를 비판하는 이들은 사람의 가치가 외모 때문에 제대로 평가받지 못하는 점을 지적합니다. 외모지상주의를 반대하는 사람이나 외모의 중요성을 인정하는 사람이나 외모가 사람을 판단할 때 어떤 식으로든 영향을 미친다는 사실에는 동의하는 것 같습니다. 문제는 외모의 영향력을 어디까지 인정할 것인가입니다. 그 후 해결책을 마련해야겠죠.

못생긴 게 잘못인가요?

예쁜 아기를 보면 얼굴에 웃음이 절로 피어납니다. 예쁜 아기를 보고 웃음 짓는 건 자연스러운 일이죠. 그런데 아기도 예쁜 얼굴을 좋아하지 않을까요? 아기들도 우락부락하고 험상궂게 생긴 사람보다는 예쁘고 멋진 사람을 좋아한다는 것을 경험한 적이 있을 겁니다.

아이나 어른이나 예쁘고 멋진 사람만을 좋아한다면 도대체 그렇지 않은 사람은 어쩌란 말인가요? 못생긴 게 잘못인가요?

여러분은 혹시 본인이 예쁘거나 잘생긴 외모를 가졌다고 자신 있게 말할 수 있나요? 외모로 사람을 판단하는 게 당연하다면 그건 마치 백 미터 달리기 시합의 출발점이 다른 것처럼 불공정한 건 아닐까요?

만일 본인이 예쁘거나 잘생겼다면 그건 마치 부자 부모를 만난 것처럼 남들보다 인생을 편하고 행복하게 살아갈 수 있는 조건이 되는 걸까요? 아마 많은 사람들이 '그렇다'라고 대답할 것 같아요. 물론 아름다운 외모로 만족스럽게 사는 사람도 많이 있지만 그렇지 않은 사람도 있습니다. 많은 재산을 물려받았지만 불행한 삶을 살게 된 사람들의 이야기처럼, 훌륭한 외모를 가졌지만 만족스럽지 못한 삶을 살아가는 사람들의 이야기를 들어 봤을 거예요.

오랜 기간 아름다움을 연구한 과학자가 펴낸 책에 적힌 다음의 구절은 아름다움의 본성을 잘 말해 주고 있어요.

"백설공주는 나에게 아름다움이라는 것을 가르쳐 주었다. 그 아름다움은 나를 꼼짝 못하게 만들었고 나를 쓰다듬었으며 나를 행복하게 했다. 그러나 그만큼 나를 고통스럽게 하기도 했다. 왜냐하면 아름다움은 나의 자유를 구속하고, 심지어는 멍청하고 어리석게 만들기까지 하기 때문이다."
-《아름다움의 과학》 머리말 중에서

누구는 그것 덕분에 행복하고, 누구는 그것이 없어서 불행하고, 누구는 그것이 있음에도 불행하고, 누구는 그것이 없어도 행복합니다. 짐작하겠지만 여기에서 '그것'은 '아름다움'입니다. 앞으로 함께 생각해 보려는 이야기는 바로 그 아름다움에 관한 것입니다.

과연 이토록 사람들의 마음을 요동치게 만드는 아름다움이란 무엇일까요? 사람들은 왜 아름다움 때문에 울고 웃는 걸까요? 아름다움은 인간에게만 있는 것일까요? 아름다움은 어디서 생겨나서 어디에 존재하는 것일까요? 과연 아름다움은 우리가 그토록 원하는 만큼이나 소중한 것일까요? 이러한 질문에 답하는 것이 이 책에서 다루고자 하는 주요 내용입니다.

2009년 11월 일본에서 외국인 여자 영어강사를 살해한 후 도피 중이던 이치하시 타츠야가 붙잡혔습니다. 경찰 추적을 피하기 위해 성형수술까지 한 일명 '페이스오프*' 범인으로, 그의 범죄는 무척 잔혹했습니다. 그런데 그의 범죄 행위나 도피 생활보다 더 충격적인 사건은 그 이후에 벌어졌어요. 그가 체포된 후 인터넷상에 그를 응원하는 팬클럽이 생겨난 것입니다. 여러 개의 팬클럽이 개설되었고, 회원 수만 해도 수천 명이 넘었다고 하니 단순한 엽기적인 장난에 그쳤던 것은 아닌 듯합니다. 팬클럽 회원들의 글을 살펴보면 "범죄 행위는 나쁘지만, 이치하시의 스타일이 맘에 든다"라는 등의 잘생긴 외모에 끌린다는 내용이 많았습니다. 이치하시를 아이돌 스타처럼 따르는 여성들은 일명 '이치하시 걸'이라는 모임을 만들어 활동했습니다. 모임에 참석한 여성들 사이에선 '이치하시는 나의 이상형'이라거나 '체포 당시 길게 기르고 있던 용의자의 헤어스타일에 반했다'는 등의 말이 오갔다고 합니다.

이런 현상은 단지 일본에서만 일어나는 특수한 일이 아니에요. 2012년 7월 미국 콜로라도주의 한 극장에서 괴한이 총기를 난사해 12명이 죽고, 50여 명이 중상을 입은 사건이 있었습니다. 용의자로 체포된 제임스 홈

즈의 잔혹한 범죄에 사람들은 분노했습니다. 그런데 사람들을 더욱 분노하게 만든 건 재판장에서 홈즈를 응원하던 미스티 벤저민이라는 여성입니다. 그녀는 한 인터뷰에서 "처음 홈즈를 보자마자 반했다"라고 말했습니다. 이뿐만 아니라 한 SNS* 사이트에 용의자의 팬클럽을 결성해 그의 무죄를 이끌어 내자는 활동을 벌이기도 했습니다.

이 같은 일은 지구촌 곳곳에서 일어나고 있습니다. 중국에서는 일명 '꽃거지'라 불리는 스타가 탄생하기도 했습니다. 거리에서 생활하던 그는 유명한 남자 배우를 닮았다고 보도되자마자 일약 스타가 되었으며, 우리나라의 강력 범죄자 김길태가 체포되었을 때에는 언론에 김길태의 스타일 등이 보도되어 팬카페가 생긴 적도 있습니다.

잘생긴 외모만 가지고 있으면 엽기적인 살인범도 동경의 대상이 되는 이러한 현상을 도대체 어떻게 설명해야 할까요?

★ 페이스오프 1997년 미국에서 개봉한 스릴러 영화로 FBI 수사관과 테러범이 서로의 얼굴을 성형수술을 통해 바꾼 후 일어나는 일을 다뤘다. 이 영화 이후 성형수술로 외모가 크게 바뀐 경우 '페이스오프'라는 말을 사용한다.

★ SNS 소셜 네트워크 서비스(Social Network Service)의 줄임말로 온라인상에서 친구, 선후배, 동료 등 지인들과의 관계망을 만들어 주고 이들의 정보 관리를 도와주는 서비스를 말한다. 트위터나 페이스북, 인스타그램 등이 대표적이다.

왜 주인공들은 모두 멋지고 예쁜 걸까요?

만일 백설공주가 못생겼다면 어땠을까요?

〈백설공주〉를 모르는 사람은 없을 거예요. 이야기 속 백설공주는 착하고 예쁘죠. 그리고 그 아름다운 외모 때문에 나쁜 왕비에게 쫓겨나 고생하게 됩니다. 만일 백설공주가 미인이 아니었다면 이야기는 어떻게 전개되었을까요? 그래도 일곱 난쟁이가 구해 줬을까요? 그래도 왕자가 백설공주에게 키스해 줬을까요?

물론 위기에 처한 사람을 도와줄 때 그 사람의 외모가 중요하진 않겠죠. 그런데 〈백설공주〉에선 일곱 난쟁이도, 왕자도 백설공주의 아름다움에 반해서 구해 주는 것처럼 묘사됩니다. 이런 종류의 이야기는 흔하게 볼 수 있습니다. 〈잠자는 숲속의 공주〉 속 왕자도 공주의 미모에 반해서 청혼을 하죠. 〈콩쥐팥쥐〉나 〈심청전〉 등 전래동화 속 여자 주인공들은 모두 예쁜 외모를 가졌습니다. 남자 주인공도 마찬가지입니다. 백설공주를 구해 준 왕자도 미남이고, 〈잠자는 숲속의 공주〉의 왕자 역시 용감하고 외모도 훌륭합니다. 왕자에다 미남에, 용감하기까지 하니 이보다 더 완벽한 남자는 없어 보입니다. 그건 우리나라의 이야기 속 남자 주인공도 마찬가지예요. 그리고 하나같이 두 주인공은 사랑에 빠집니다. 그것도 첫눈에 말이죠. 서로 대화 한번 나누지 않았는데도 말이에요.

이런 이야기 전개는 자주 보는 애니메이션이나 드라마, 영화에서도 마찬가지로 이뤄집니다. 주인공 남자치고 멋지지 않은 사람이 없고, 예쁘지 않은 여주인공은 찾기도 어렵죠. 이제는 주인공이 예쁘지 않으면 재미없을 것 같고, 이야기에 빠져들기 힘들 것 같다는 생각마저 듭니다.

다시 앞의 질문으로 돌아가서 생각해 볼까요? 만일 이야기 속 주인공들이 예쁘지 않았다면 이야기는 어떻게 전개되었을까요? 백설공주를 구해 준 왕자는 백설공주의 외모에 반했습니다. 그래서 사랑에 빠지고 결혼하게 되죠. 만일 백설공주와 잠자는 숲속의 공주의 외모가 뛰어나지 않았어도 왕자들은 첫눈에 반했을까요? 결혼을 했을까요? 이야기의 흐름을 따라간다면 그건 힘들어 보이네요. 왕자가 공주의 외모에 반했기 때문입니다.

생각한 거랑 너무 다른데…
자! 왕자님 어서 키스를…
두근! 두근!

예쁘고 멋진 주인공이 등장하는 동화나 옛날이야기는 대부분 '오래오래 행복하게 살았답니다'로 끝이 납니다. 그렇다면 실제 우리의 삶에서는 어떤가요? 멋지고 예쁜 사람들은 이야기처럼 행복한 삶을 살게 될까요? 역사 속 인물을 통해 살펴보도록 하죠.

클레오파트라의 코가 조금만 낮았다면?

역사 속 대표적인 미인을 꼽으라 하면 많은 사람들이 클레오파트라와 양귀비를 꼽을 것입니다. 그들은 자신의 외모로 인해 유명해졌고, 바로 그것 때문에 불행해지기도 했어요. 그들의 삶을 잠시 들여다봅시다.

'인간은 생각하는 갈대'라고 표현한 프랑스의 유명한 사상가 파스칼*은 "만일 클레오파트라의 코가 조금만 낮았더라면, 세계지도는 완전히 바뀌었을 것이다"라고 말했습니다. 이 말만 봐도 그녀의 미모가 세계사

> ★ **파스칼(1623~1662)** 프랑스의 수학자이자 철학자이고 종교에 대해서도 연구했다. 계산기를 발명했으며 저서로는 《팡세》 등이 있다.

에서 어떤 영향을 미쳤는지 알 수 있습니다. 하지만 서양의 대표 미인인 클레오파트라 7세는 단지 뛰어난 외모로만 유

명했던 게 아닙니다. 이집트라는 거대한 나라의 통치자이기도 했어요. 기원전 51년부터 기원전 30년까지 이집트를 통치한 클레오파트라는 로마의 장군 카이사르*와 결혼했습니다. 카이사르가 브루투스에게 암살된 후엔 카이사르의 추종자인 안토니우스를 남편으로 맞아 로마와 전쟁을 벌입니다. 하지만 안토니우스와 클레오파트라의 군대는 악티움해전에서 패배해 모두 비극적으로 생을 마감합니다. 로마

36

는 이 전쟁에서 승리해 지중해의 지배력을 더욱 강화할 수 있었던 반면에 이집트 프톨레마이오스 왕가는 300년 역사의 종말을 맞이하고 말았죠. 로마제국은 카이사르와 안토니우스, 아우구스투스의 시대를 지나며 전성기를 맞이했습니다.

여기에 클레오파트라를 빼놓을 순 없겠죠. 거대 제국 로마를 호령한 카이사르와 안토니우스를 사로잡은 클레오파트라의 매력은 무엇이었을까요?

다양한 미용법을 만든 것으로도 알려진 클레오파트라는 자신의 아름다움을 유지하기 위해 발효한 우유와 꿀, 탄산 등의 다양한 천연재료를 활용했다고 합니다. 하지만 정작 클레오파트라의 미모에 대해선 의견이 분분합니다. 같은 시대에 살았던 이들의 증언 역시 다양하고요. 어떤 이들은 그녀의 미모가 워낙 뛰어나서 그녀가 무슨 부탁을 하더라도 거부할 수 없었을 것이라고 말했고, 또 어떤 이들은 외모보다 다른 매력이 더 컸다고 말했습니다. 특히 클레오파트라의 매력으로 그녀의 목소리와 대화술을 꼽는 사람들이 많습니다. 그녀의 목소리는 마치 아름다운 음악을 듣는 것 같고 대화술이 뛰어나 누구라도 설득할 수 있었다고 합니다. 게다가 그녀는 십여 개의 언어를 사용할 수 있을 정도로 총명했다고 합니다. 그러니 외적인 미모뿐만 아니라 내적인 아름다움까지 겸비한 인물이 아닐까 생각해 봅니다.

클레오파트라의 파란만장한 삶을 이해하려면 그녀가 지닌 아름다움을 빼놓을 순 없을 텐데, 재미있는 건 동양에도 이와 유사한 인물이 있다는 것입니다. 다음에 이야기할 양귀비 역시 아름다움으로 나라의 역사까지 바꾼 인물입니다.

양귀비와 클레오파트라는
오래오래 행복하게 살았을까요?

클레오파트라와 양귀비는 각기 다른 시대와 장소에 살았지만 신기할 정도로 비슷한 점이 많습니다. "만일 양귀비의 피부가 조금만 덜 눈부셨어도 세계의 역사는 완전히 바뀌었을 것이다"라고 말할 수 있을 정도지요. 그만큼 양귀비와 그녀의 미모가 동양 역사에 끼친 영향은 거대합니다. 대제국 로마에 필적할 만한 당나라가 몰락하게 된 데에는 양귀비의 역할도 크기 때문입니다.

현종의 마음을 사로잡은 절세미인 양귀비

양귀비는 당나라 현종의 눈에 들어 궁중에 들어온 지 6년 만에 정식 귀비로 책봉되었다. 뿐만 아니라 정치에 싫증이 난 황제 현종의 마음을 사로잡아 궁중에서 황후와 다름없는 대우를 받았다. 정사에는 절세의 풍만한 미인인 데다가 가무에도 뛰어났고, 군주의 마음을 끌어당길 정도로 총명했다고 전한다. 아름다움을 유지하기 위해서 어린아이의 오줌으로 목욕을 하기도 했다고 한다.

양귀비도 클레오파트라와 마찬가지로 자신의 미모를 관리하기 위해 살구씨 가루, 사향(천연 동물성 향료), 달걀흰자를 섞은 화장품을 개발해 사용했고, 피부에 좋다고 알려진 귀한 열대 과일을 매일 먹었으며, 심지어 어린아이의 오줌으로 목욕을 하기까지 했다고 합니다. 미모에 대한 열정이 클레오파트라에 뒤지지 않을 것 같군요.

게다가 양귀비 또한 미모에 대한 의견이 분분합니다. 전하는 이야기에 따르면 양귀비의 미모는 요즘 기준으로 보면 그리 뛰어난 것 같지 않아요. 작은 키에 몸매는 오동통했다고 하니 전형적인 늘씬한 미인의 모습과는 거리가 멀지요. 양귀비 미모의 핵심은 백옥 같은 피부에 있다고 합니다. 게다가 클레오파트라의 목소리와 대화술이 매력적이었던 것처럼 양귀비는 훌륭한 춤과 연주 실력으로 당나라의 왕 현종을 매혹시켰다고 해요. 양귀비의 매력에 푹 빠진 현종은 나랏일을 소홀히 했고 이는 당나라가 몰락하는 계기가 되었습니다. 양귀비도 반란을 일으킨 민중들에 의해 죽음을 맞이합니다.

서양의 클레오파트라와 동양의 양귀비는 이처럼 비슷한 점이 많습니다. 심지어 '미인박명(美人薄命)'이라는 말이 마치 이들을 위해서 만들어진 것인 양 비극적으로 죽는 것마저

미모 관리하는 게 보통 일이 아니야~
양귀비 다이어트 좀 해야 되는 거 아냐?
냅둬! 그래도 피부는 예술이잖아!

도 비슷하죠. 클레오파트라와 양귀비는 동서양의 거대 제국의 중심에서 역사를 좌지우지하는 역할을 했습니다. 여기에 그들의 미모를 빼놓을 수는 없습니다. 만일 클레오파트라의 코가 조금만 낮았어도, 양귀비의 피부가 덜 눈부셨어도 세계의 역사가 달라지지 않았을까요?

트로이 전쟁은 미인 쟁탈전

앞서 등장한 극적인 두 사례로 인간이 아름다움을 대하는 태도를 알 수 있습니다. 이러한 모습은 신화에도 그대로 드러납니다. 신화는 본디 인간의 정신세계를 반영하는 이야기예요. 사람들은 신화에 등장하는 신들의 이야기를 통해 자신들의 모습을 비춰 보곤 합니다. 미의 여신 아프로디테가 등장하는 다음 이야기에서 아름다움은 어떤 역할을 하는지 함께 볼까요?

고대 그리스인들은 신을 인간과 닮은 존재로 표현했어요. 성격도 비슷하고 외모도 비슷하고, 영원불멸이라는 점만 제외하면 인간과 신은 다를 게 없죠. 게다가 인간만큼이나 다양해서 착한 신도 있고 못된 신도 있고, 인기 있는 신도 있고 따돌림 당하는 신도 있습니다. 물론 잘생긴 신과 못생긴 신도 있죠. 특히 미모와 관련해선 아프로디테를 빼놓고 말할 수가 없어요. 그녀는 아름다움의 여신이니까요.

그리스 신화 열두 신*의 하나인 아프로디테는 아름다움과 사랑, 풍요의 여신입니다. 아름다움에서 사랑이 시작되고 그 결과로 풍요로움이 잉태된다는 뜻으로 해석할 수도 있을 것 같네요. 실제로 사랑과 아름다움, 풍요는 긴밀한 관계를 맺고 있습니다. 여러분이 멋지고 예쁜 연예인에게 열광하고, 멋진 남자와 예쁜 여자에게 더 큰 관심이 생기는 것처럼 아름다움은 자연스럽게 사랑을 이끌어 내곤 합니다. 그리고 사랑의 결실로 풍요로움이 잉태된다고 할 수 있을 것입니다.

그러니 아름다움과 사랑, 풍요로움은 서로 긴밀히 연결된 특징이라 할 수 있습니다. 그래서인지 신화 속에서 아프로디테는 많은 사랑을 하고 여러 자식을 남겼습니다.

아프로디테는 신화뿐만 아니라 인간의 역사에도 흔적을

남겼습니다. 바로 트로이 전쟁에 말이죠. 19세기 이전엔 트로이 전쟁이 신화 속에만 존재하는 허구의 이야기인 줄로만 알았습니다. 하지만 19세기에 하인리히 슐리만*이 트로이 전쟁과 관련한 유적지를 발굴해 트로이 전쟁이 역사적 사실이었다는 것이 밝혀졌어요.

★ 하인리히 슐리만(1822~1890) 독일의 고대 연구가이다. 어릴 때 《일리아스》를 읽고 트로이가 실제로 존재한다고 믿었다. 사업에서 성공한 후 고고학을 연구해서 미케네 등을 발굴했고, 그곳이 《일리아스》에 등장하는 트로이임을 증명해 냈다.

신화에서 트로이 전쟁은 바다의 여신 테티스와 프티아의 국왕 펠레우스의 결혼식에 유일하게 초대받지 못했던 싸움의 여신 에리스의 심술에서 시작됩니다. 에리스는 결혼식에 모인 신들의 잔칫상에 황금사과 하나를 남겨두고 갑니다. 거기엔 '가장 아름다운 여신에게'라는 글이 적혀 있었죠. 그 사과의 주인이 누구인지를 두고 제우스의 아내인 헤라와 미의 여신인 아프로디테, 지혜의 여신 아테나가 서로 다투게 됩니다. 세 여신 모두 미모에 자신이 있었던 터라 서로 그 사과를 자신이 가져야 한다고 주장했어요. 여신들은 제우스에게 판정을 내려 달라고 부탁하지만 그 다툼에 끼어들기 싫었던 제우스는 그 판정을 트로이의 왕자 파리스에게 넘깁니다. 세 여신은 파리스에게 큰 선물을 보답하겠다고 약속하며 자신을 지지해 달라

〈파리스의 심판〉, 페테르 파울 루벤스, 1632~1635년경

싸움의 여신 에리스의 심술에서 시작된 가장 아름다운 여신을 뽑는 심판에서 파리스는 가장 아름다운 여자를 주겠다고 약속한 아프로디테를 선택한다. 권력도 힘도 아닌 아름다움을 선택한 파리스. 아름다움이 인생에서 얼마나 중요한지 보여주는 대표적인 이야기이다.

못생긴 것들이…
저리 안 가?
아니…
이 아줌마들이
거울 좀 봐라!
어쭈!
안 봐?

고 설득하죠. 헤라는 전 인류의 왕이 되게 해 주겠다는 약속을, 아테나는 싸움에서 언제나 이길 수 있도록 해 주겠다고 약속합니다. 하지만 파리스는 아프로디테의 손을 들어 줍니다. 왜냐하면 그녀는 세상에서 가장 아름다운 여인의 사랑을 받게 해 주겠다고 제안했거든요.

그런데 그것이 비극의 시작이었습니다. 세상에서 가장 아름다운 여인은 스파르타의 왕비인 헬레네였으니까요. 결국 헬레네는 아프로디테의 예언대로 스파르타를 버리고 파리스와 트로이로 도망가고 말았습니다. 아내를 빼앗긴 스파르타의 왕 메넬라오스는 형 아가멤논과 함께 군대를 이끌고 트로이로 향합니다. 그리스 연합군과 신화 속 유명한 영웅 아킬레우스와 오디세우스도 가세했습니다. 트로이도 만만치 않았습니다. 트로이에도 헥토르와 아이네이아스와 같은 영웅들이 있었으니 말입니다. 하지만 결국 전쟁은 목마를 활용한 스파르타와 그리스 연합군의 승리로 끝이 났습니다.

트로이 전쟁 이야기에는 아름다움에 대한 신들의 열망이 고스란히 느껴집니다. 만일 아름다운 세 여신이 가장 아름다운 여신에게 주어진 사과에 욕심 내지 않았거나 파리스가 세상에서 가장 아름다운 여인을 택하지 않았으면 전쟁은 일어나지 않았을 테지요. 아내를 빼앗긴 메넬라오스가 아내를 되찾기 위해 나서지 않았다면 또 어땠을까요? 역사는 달라졌을 것입니다. 결국 에리스는 신이든 인간이든 간에 아름다움에 열광한다는 것을 정확히 꿰뚫어 보고 있었던 것 같네요.

왜 이야기 속에는 미남미녀만 등장할까요?

어떤 이야기 속에 세상 그 누구보다 아름다운 외모를 가진 미남과 미녀가 등장하면 누구라도 그가 주인공일 것이라고 추측할 거예요. 다양한 그림책에서 주인공은 미남미녀로 묘사됩니다. 게다가 그들은 모두 성격도 좋습니다. 설령 이야기의 초반에 악당에 속아 잘못된 판단을 내리더라도 결국에는 현명한 판단을 내리는 경우가 많습니다. 이와는 반대로 주인공과 대적하는 악당들은 모두 거칠고 험상궂게 생기거나 사악한 모습입니다. 게다가 잘난 척을 하다가 결국엔 잘못된 판단으로 일을 망치게 되죠.

이런 구조는 특히 나이가 어린 아이들을 대상으로 하는 이야기에서 더욱 뚜렷하게 드러납니다. 착한 주인공과 못된

못생기면
무조건 악당이냐?
못생겼지만
이분이
이래 봐도
주인공이셔

악당의 외모가 바뀐다면 어떨까요? 아마 쉽게 이야기에 빠져들기 힘들 것 같습니다.

어른들이 즐기는 이야기라고 크게 다르지 않아요. 드라마나 영화에 등장하는 주인공과 악당 역시 외모에서 큰 차이가 납니다. 단순히 잘생기고 못생겼음의 문제가 아니라 눈빛이나 웃음소리, 목소리, 몸짓 하나하나까지 악당에게 어울리는 것이 있고 착한 주인공에게 어울리는 것이 있습니다. 이러한 특징이 적절히 묘사되었을 때 사람들은 이야기에 더 쉽게 몰입하게 되죠.

다양한 이야기 속 등장인물들의 모습은 우리에게 하나의 고정관념을 만들어 줍니다. '악당은 못생겼고 착한 주인공은 잘생겼다' 더 나아가 '악당은 멍청하고 잘생긴 주인공은 현명하다'는 암시를 주기도 합니다.

바로 이 점이 고민해야 할 점입니다. 진짜로 악당은 못생겼을까요? 진짜로 미인이 더 현명할까요? 외모를 가지고 그 사람의 다른 능력이나 성향을 판단할 수 있을까요? 여러분은 어떻게 생각하나요?

어릴 때부터 들어온 옛날이야기 속의 주인공들은 모두 멋지고 아름답습니다. 신데렐라, 백설공주, 인어공주, 심청이나 콩쥐도 아름다운 외모를 가졌습니다. 그런데 만일 주인공의 외모가 그렇게 아름답지 않았다면 이야기는 어떻게 전개되었을까요? 만일 주인공이 예쁘지 않았어도 사랑에 빠지게 될까요? 이런 상상력을 충족시켜 줄 이야기가 있어서 소개하고자 합니다.

대표적인 작품은 아이들이 좋아하는 애니메이션 〈슈렉〉입니다. 〈슈렉〉은 잘생긴 왕자와 예쁜 공주가 아닌 못생긴 괴물 슈렉과 추한 공주 피오나의 유쾌한 이야기로 개봉 즉시 많은 사람들의 사랑을 받았습니다. 〈슈렉〉의 앤드류 애덤슨 감독은 애니메이션 〈미녀와 야수〉를 보고 '야수가 끝까지 야수로 남아 있었다면 좋았을 텐데'라는 생각을 했습니다. 그래서 완벽하고 아름다운 기존 동화의 관습을 모두 뒤집어 보기로 했다고 합니다. 그의 상상력에서 탄생한 〈슈렉〉은 애니메이션으로는 처음 칸영화제 경쟁 부분에 진입해서 인기는 물론이고 평론가들에게도 좋은 평가를 받았습니다.

또 다른 이야기는 우리나라의 소설 《죽은 왕녀를 위한 파반느》입니다.

이 작품은 《삼미 슈퍼스타즈의 마지막 팬클럽》 등으로 유명한 작가 박민규가 2009년 발표한 소설입니다. 작가는 아내에게 다음과 같은 질문을 받고 소설을 구상했다고 합니다.

"(내가 아주 못생겼다고 하더라도) 그래도 나를 사랑해 줄 건가요?"

1980년대 중반 서울을 배경으로 하는 이 소설은 정상적인 인간관계를 거부당할 정도로 못생긴 아가씨와 잘생기고 번듯하지만 부모에게 버림받은 상처를 지닌 두 청년의 우정과 사랑을 다루고 있습니다.

사실 현실에서의 사랑은 미남미녀가 등장하는 백설공주나 신데렐라 이야기보다 그렇지 않은 주인공이 등장하는 앞의 두 이야기에 더 가까울 것입니다. 빼어나게 예쁘거나 잘생긴 사람들보다 그렇지 않은 사람들이 많을 테니까요. 그러니 누군가를 좋아하고 드라마틱한 이야기를 만들어 내기 위해 꼭 아름다운 외모가 있어야 하는 건 아닐 것입니다.

3장

어떻게 생긴
사람을
예쁘다고 할까요?

아름다움은 객관적일까요, 주관적일까요?

서시(西施)가 연못에 가면 물고기가 피한다

-장자

중국의 철학자 장자가 한 이 말에는 아름다움은 상대적이라는 의미가 담겨 있어요. 서시는 삼국지에 나오는 초선, 당나라의 양귀비, 전한의 왕소군과 함께 중국의 4대 미인으로 꼽히는 절세미인(세상에 견줄 만한 사람이 없을 정도로 뛰어나게 아름다운 여인)입니다. 하지만 연못의 물고기에겐 그 아름다움이 아무런 의미가 없겠죠. 오히려 물고기에게 서시는 자신을 위협하는 위험한 존재로 느껴질 것입니다. 만일 아름다움의 기준이 절대적인 것이라면 물고기도 서시의 아름다움에 끌려야 하겠죠. 물론 인간이 느끼는 아름다움을 물고기가 느끼지 못하니 아름다움의 기준이 상대적이라고

얼레?
또 도망가네?
이상하네
이럴리가 없는데…
무서워!
저 여자!
잡아
먹으려는 거야!
또 왔어!
못난이!

아름답다   우아하다   화려하다   앙증맞다   웅장하다

주장하는 것이 과하다고 느껴질 수도 있을 거예요.

그렇다면 과연 사람들이 느끼는 아름다움의 기준은 같을까요? 실제로 수천 년 전 고대 이집트나 그리스의 예술 작품을 보면 그때와 지금의 아름다움에 대한 기준이 크게 다르지 않다는 생각이 들기도 합니다. 그렇다면 결국 시대, 장소와 무관한 보편적인 아름다움이 있는 건 아닐까요?

하지만 어떤 사람들은 아름다움이란 시대와 장소에 따

라 달라진다고 하죠.
예를 들어 밀림이나 험
난한 산악지대에서 고
립된 생활을 하는 소
수민족의 복장이나 특
이한 관습을 보면 과
연 그들과 우리에게 공
통된 아름다움이 존재
하는지 의문이 들기도
합니다.

그렇다면 다시 한번 질문해 보겠습니다.

위의 두 사진은 고대 그리스의 비너스 조각상과 조선 시
대의 대표 미인인 춘향의 초상화입니다. 두 작품은 아주 다
른 장소와 시대의 대표적인 미인입니다. 비슷하게 보이나
요? 오늘날 미인의 모습과도 비교해 보세요. 미인의 기준은

시대와 장소에 상관없이 보편적으로 존재한다고 생각하나요? 아니면 시대와 장소에 따라 달라진다고 생각하나요?

미술관에 가거나 유명한 예술 작품을 본 경험이 있다면 한 번쯤 이런 생각이 든 적이 있을 거예요. '사람들이 아름답다고 하는 유명한 예술 작품인데, 왜 내 눈엔 아름답게 보이지 않는 걸까?' 이 물음엔 서로 다른 답변을 할 수 있습니다.

하나는 원래 아름다움이란 저마다 다르게 느끼는 것이기 때문에 다른 사람이 보기엔 아름답게 보여도 내 눈엔 그렇지 않을 수 있다는 거지요.

다른 하나는 사물 중에는 아름다움의 조건을 갖춘 것이 있는 반면 그렇지 않은 것도 있다는 것입니다. 따라서 만일 아름다움의 조건을 갖춘 사물을 보고 아름다움을 느끼지 못한다면 그것은 보는 사람이 아름다움을 보는 능력이 없기 때문입니다.

두 대답 모두 그럴듯하죠? 첫 번째 대답은 아름다움이란 사람마다 기준이 다른 주관적인 느낌일 뿐이라는 주장이고, 두 번째 대답은 아름다움은 사물이 가진 성질로서 객관적인 기준이 존재한다는 주장입니다. 먼저 아름다움은 주관적인 느낌일 뿐이라는 주장을 살펴볼까요?

아름다움은 마음속에 있는 거야!

영국의 철학자 데이비드 흄*은 "아름다움은 사물 그 자체의 성질이 아니라 오로지 사물을 응시하는 사람의 머릿속에만 존재할 뿐이며, 모든 사람은 아름다움을 서로 다르게 느낀다"라고 말했어요. 아름다움이란 무게나 크기, 모양, 온도같이 사물에 있는 성질이 아니라 사물을 바라보는 인간의 내부에 있는 느낌이라는 뜻입니다.

　많은 사람들이 이런 생각을 했어요. 19세기 아일랜드 작가 마거릿 울프 헝거포드는 "아름다움은 보는 이의 눈 속에 있다"라고 말했으며, 고대 그리스의 희극 작가 에피카르모스는 "개는 개를 가장 아름답다고 여긴다. 마찬가지로 소는 소를, 당나귀는 당나귀를, 돼지는 돼지를 가장 아름답게 여긴다"라고 했습니다. 즉, 객관적인 아름다움이란 존재하지 않는다는 것이죠. 아름다움의 기준은 생물 종에 따라 다르며, 더 나아가 사람에 따라서도 다르게 느껴지는 주관적인 성질일 뿐이라는 거예요.

　'취향은 논박의 대상이 아니다'라는 말이 있어요. 취향은 그냥 개인의 선택일 뿐, 옳고 그름을 따지는 것은 의미가 없다는 것이죠. 그러니 우리가 '아름답다'고 말할 때 진정 의미하는 바는 아름답게 '느껴진다'는 것일 거예요. 그건 그저 내 안에서 느껴지는 감정일 뿐이니까요. 사물에 아름다움을 이루는 성질이 있다면 아마도 그걸 느끼는 모두가 같은 감정을 가져야 하겠지요.

그 밖에도 아름다움이 주관적 느낌이라고 주장한 학자들이 많습니다. 파스칼은 우리가 아름답다고 느끼는 것은 유행일 뿐이라고 말했고, 스피노자는 만약 우리가 지금과 다르다면 추한 것을 아름답게, 아름다운 것을 추하다고 생각할지도 모른다고 말했어요. 홉스는 우리가 아름답다고

여기는 것이 교육, 경험, 기억, 상상력에 의해 좌우된다고 말했죠.

유명한 학자들의 말을 빌리지 않아도 동일한 대상에 대해 사람마다 다르게 평가하고 판단하는 일은 흔하게 겪을 수 있는 일입니다. 함께 본 영화에 대한 평가가 친구와 서로 다르거나 모두가 아름답다고 감탄하는 유명한 예술 작품이 내겐 전혀 아름답게 보이지 않는 경험을 한 적이 있을 거예요. 이런 경험은 아름다움이라는 느낌이 주관적인 것이란 주장을 뒷받침합니다.

요즘 청소년들이 좋아하는 아이돌 가수의 노래를 듣고 어른들은 어떤 반응을 보이나요? 나에게 듣기 좋은 음악이 누군가에게는 그저 시끄럽고 난해한 잡음으로 들리는 경우는 쉽게 겪을 수 있는 일입니다. 반대로 음악 선생님이 좋아하는 바흐나 모차르트, 베토벤의 음악이 나에겐 그저 졸음을 유발하는 자장가로 들릴 수도 있겠죠.

만일 아름다움이 객관적인 것이라면 사람들이 느끼는 아름다움은 동일할 것입니다. 누구나 해질녘의 붉은 태양을 '붉다'고 말하고 맑은 바닷물을 '파랗다'고 말합니다. 그건 태양이 붉고 바다가 파랗기 때문이에요. 설령 표현이 다르다 해도 사람들이 경험한 것은 똑같다고 할 수 있어요.

학생과 선생님의
온도차가 커!!

커~
으… 시끄러~
잘 모르겠는데요…
하아~
너무 멋있지 않니?
베토벤의 현악
4중주 대푸가~

'객관적'이라는 말은 이런 식으로 이해할 수 있습니다. 누구에게나 펄펄 끓는 물은 뜨겁고, 꽁꽁 언 얼음은 차갑습니다. 온도는 객관적인 성질이기에 누구에게나 동일한 경험을 제공하기 때문입니다. 크기와 모양 같은 것들도 온도와 마찬가지로 객관적인 성질이 있습니다.

그런데 아름다움은 어떤가요? 아름다움이 객관적인 것이 아니라 주관적이라고 말하는 이유는 아름다움이란 사물이 가진 성질이 아니라 그것을 바라보는 사람의 마음속에서 생겨나는 느낌이기 때문입니다. 어떤 그림을 보며 인식하는 붉은색은 그 그림이 가지고 있는 '객관적인 성질'입니다. 하지만 붉은색을 보고 느끼는 아름다움은 그 그림 속에 있다고 말할 수 없을 거예요. 그것을 보는 사람마다 다르게 느낄 수 있기 때문이지요.

이것은 맛과도 비교해 볼 수 있습니다. 쓴맛과 단맛 같은 음식이 지닌 특별한 맛은 미각에 이상이 있는 사람이 아니라면 동일하게 느낍니다. 누구라도 사탕에서는 단맛을 느끼고, 씀바귀나물에서는 쓴맛을 느끼죠. 그런데 그 단맛이 나는 사탕을 맛없다고 하는 사람과 맛있다고 하는 사람이 있습니다. 쓰디쓴 씀바귀 역시 마찬가지로 맛있다고 하는 사람과 맛이 없다고 하는 사람으로 나뉘죠. 혀끝에 느껴지는 감각으로서의 쓴맛, 단맛, 신맛, 짠맛 등은 혀의 상태에 별 문제가 없다면 누구나 동일하게 느낄 수 있는 객관적인 성질이며, 그 맛을 제공한 음식이 지닌 성질이라고 말할 수 있습니다. 하지만 그 음식을 먹고 느끼는 최종적인 '맛있음'과 '맛없음'은 어떤가요? 만일 그것도 객관적인 성질이라면 누구나 동일하게 사탕은 맛있고, 씀바귀는 맛이 없다고 해야 할 것입니다. 하지만 우리는 서로 다른 결론을 내립니다.

아름다움도 이와 유사합니다. 붉은색과 푸른색 같은 사물의 색은 시각에 특별한 문제가 없는 한 누구나 동일하게 인식합니다. 면이나 선, 질감 같은 성질도 마찬가지입니다. 하지만 특정한 선과 면, 색깔과 질감이 모여서 탄생한 하나의 예술 작품은 모두에게 동일한 아름다움을 제공하지는 않습니다. 아름다움은 사물에 담겨 있는 성질이 아니라 사물을 보고 느끼는 주관에서 생겨나는 성질이기 때문입니다.

아름다움은 객관적인 사물의 성질이야!

기원전 6세기 무렵 그리스에서 활동한 피타고라스는 '만물
의 근원은 수'라고 말한 철학자이자, '피타고라스의 정리*'를
발견한 수학자로 잘 알려져 있어요. 하
지만 처음으로 아름다움에 대해 논의
를 시작한 사람이기도 합니다. 피타고
라스는 아름다움이란 '조화'와 '질서' 같
은 사물의 존재 방식에서 생겨난다고
주장했어요.

세상은 참 복잡하고 불규칙해 보이지만 자세히 살펴보면
여러 규칙과 질서가 있습니다. 문명의 발전은 바로 이러한
규칙과 질서를 밝혀내고 그것을 이용하면서 이뤄졌다고 말
할 수도 있습니다.

그런데 만일 세상이 아무런 규칙도 없이 돌아간다면 어
떨까요? 그렇다면 우리는 동물적인 삶조차도 유지하지 못
했을 것입니다. 예를 들어 봄, 여름, 가을, 겨울이 규칙적으
로 변화하지 않는다면 인간의 생존에 필수적인 먹을거리를
얻을 수 없겠지요?

규칙은 동물과 인간을 생존하게 해 주었습니다. 인간은

자연에서 규칙과 질서를 발견하면서 생활이 안정되었고, 미래를 예측하고 계획할 수 있게 되어 더 나은 삶을 준비할 수 있었습니다. 인류의 문명은 자연에서 이러한 규칙성을 하나씩 발견해 가는 과정이었다고도 말할 수 있을 거예요.

피타고라스는 바로 이런 점에 초점을 맞춰 세상의 질서를 발견하고자 한 철학자입니다. 그가 연구하던 기하학*에 수적인 조화가 존재하는 것처럼 세상 만물에도 그러한 질서가 담겨 있다는 생각을 하게 된 것이죠. 이러한 생각은 음악, 미술 등의 예술 분야에까지 확장되었고 플라톤에 이르러 구체화됩니다.

플라톤에게 아름다움이란 만물의 궁극적인 존재 원리였습니다. '아름다움의 이데아'라 불리는 이 원리는 사물이 존재하기 위해 반드시 갖춰야 할 특징입니다. 또한 사물을 이해하거나 만들어 내기 위해서도 필요한 규칙이기도 하죠. 건물을 세우기 위해 토대, 계단, 벽, 문, 창 등의 조합 과정을 알아야 하는 것과 마찬가지입니다.

수적인 비율과 조화가 아름다움에 중요한 영향을 끼치는 경우는 흔히 볼 수 있습니다. 음악을 만들 때에는 적절한 화음과 화성을 고려해야 하고, 그림을 그릴 때에는 화면을 적절히 분배해야 아름다운 미술 작품이 완성됩니다. 조각 역시 적절한 비율을 유지해야 튼튼하고 아름다운 작품이 만들어지는 것처럼, 조화와 비율은 아름다움의 객관적인 조건이 됩니다.

조화와 비율을 강조하는 피타고라스와 플라톤에게 아름다움은 사물이 지닌 하나의 성질입니다. 예를 들어 누구나 소금을 먹으면 짠맛을 느끼고, 태양을 보면 눈이 부시지요. 여기에서 '짜다', '눈이 부시다'라고 느끼는 것은 개인의 마음이에요. 하지만 그것은 소금에 짠 성질이 있기 때문이고, 태양 빛이 강렬하기 때문이죠. 마찬가지로 아름다움을 느끼는 건 사람의 마음이지만 그것은 이미 그 대상에 조화와 비율이라는 아름다움을 유발하는 요소가 있기 때문입니다.

그래서 피타고라스는 "질서와 비례는 아름다운 것이고 적합한 것"이라고 했으며, "수 때문에 모든 사물은 아름답게 보인다"라고 말했어요. 플라톤은 "적당한 척도와 비례를 유지하는 대상은 항상 아름답다"라고 했으며, 몇 백 년이 지난 중세 시대의 토마스 아퀴나스*도 "아름다움이란 완전성과 조화를 갖춘 사물이 거기에 간

직된 형상의 빛남을 통해서 인식될 때 비로소 기쁨을 자아낸다"라고 했어요.

피타고라스와 플라톤, 토마스 아퀴나스의 이러한 생각은 상당히 설득력이 있습니다.

귀에 쏙쏙 들어오는 아름다운 소리는 음의 비율을 잘 지킬 때 얻을 수 있으며, 멋진 사진이나 그림 속의 인물은 화면 속에서 적당한 위치를 잡고 있을 때 가장 아름답게 보입니다. 예를 들어 아름다운 여성의 몸매를 8등신이라고 부르는 것도 바로 이러한 수적인 비율이 중요하다는 것을 뜻합니다.

이런 생각의 바탕에는 아름다움은 객관적이라는 믿음이 깔려 있습니다. 가장 대표적인 표현은 아마도 '황금분할', 또는 '황금비'일 거예요. 황금분할은 주어진 길이를 가장 이상적으로 나누는 비로 대략 1.618:1 또는 1:0.618 정도의 비율로 표현됩니다.

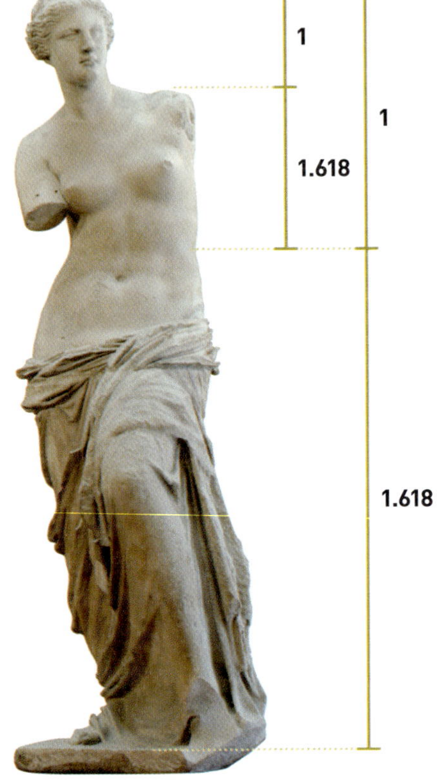

황금분할이라는 개념은 피타고라스와 플라톤같이 아름다움에 조화와 균형을 중요하게 여겼던 고대 그리스의 사상에서 유래했어요. 이후 르네상스 시대에 성스러운 비례라는 뜻의 '신성비례'라고 불리며 사물의 존재 원리와 아름다움의 원리로 중요하게 여겨졌습니다.

황금분할의 원리에 따르면 1:1, 1:2, 2:3, 3:5, 5:8, 8:13과 같은 비율을 얻을 수 있습니다. 고대 그리스에서 건축물이나 조각상을 만들 때 당연히 황금비를 지켰습니다. 요즘도 명함이나 담뱃갑, 신용카드, TV나 컴퓨터 모니터 같은 물건의 가로, 세로의 비율이 이러한 황금비를 따르고 있다고 해요. 특히 음악과 건축, 조각, 회화에서 이러한 조화와 균형이 강조되고 있습니다.

이 이론에 따르면 아름다움이란 사물이 가진 객관적인 성질로서 그것을 보는 사람들에게 모두 공통적으로 아름다움을 느끼게 해 주는 성질입니다. 결국 동일한 예술 작품을 보고 아름다움을 느끼는 감정이 다르다는 것은 객관적으로 존재하는 조화와 비율을 읽어 내지 못한 사람에게 문제가 있다는 뜻이 됩니다.

달라!
다르다고!!
뭐가 다른 거지?
나도 황금비율인데…
1:2 라는 황금비율!

아름다움을 보는 두 개의 눈

아름다움이 우리의 느낌과 상관없이 사물이 지닌 객관적인 성질인지 아니면 사물을 바라보는 우리의 마음이 만들어 낸 주관적인 느낌인지 다양한 대답들을 들어 봤습니다. 이 두 가지 설명 중에서 어떤 것이 설득력 있게 들리나요? 그 둘 중 하나가 옳고 다른 하나는 틀렸다고 할 수 있을까요?

과학자 울리히 렌츠는 《아름다움의 과학》이라는 책에서 아름다움의 원리를 두 가지로 분류했습니다. 하나는 자연의 원리에 의해 만들어지는 아름다움으로 그 뿌리가 자연에 있는 것입니다. 비례가 맞는 몸매의 아름다움이나 황금 비율을 지킨 그림이나 조각 등의 조화와 균형을 갖춘 아름다움이 여기에 해당합니다.

다른 하나는 인간의 문화에 의해 만들어지는 아름다움으로 그 뿌리는 인간 공동체에서 찾을 수 있습니다. 문화는 인류가 만든 것이지만 인류 정신을 지배하는 힘이기도 합니다. 따라서 자연적인 조화와 비례를 유지하고 있지 않은, 심지어 기괴하다고 생각되는 모습에서도 아름다움을 느끼는 경우가 생기는 것입니다.

예를 들어 목이 긴 부족으로 유명한 태국 카렌족의 목

카렌족의 여자들은 어릴 때부터 놋쇠로 된 링을 목에 걸어서 목의 길이를 늘이는 관행이 있다.

장식은 그들에겐 어떤 아름다움을 표현하는 것일지 몰라도 우리에겐 그저 기괴하게 보이는 풍습일 뿐입니다. 이러한 종류의 아름다움은 조화와 균형의 원리만으로 설명할 수 없습니다. 오로지 문화의 차이를 통해서만 이해할 수 있겠지요.

이런 현상은 쉽게 경험할 수 있습니다. 수천 년 전 고대 그리스의 조각상에서 현대의 작품들에 이르기까지 인간의 나체를 표현한 작품들은 시대가 많이 흘렀어도 한결같은 모습입니다. 하지만 당시의 옷을 입은 사람들의 그림이나 사진은 시대에 따라 무척 촌스럽거나 어색한 느낌을 주곤 합니다. 여러분 부모님의 어린 시절 사진을 보면 더 쉽게 알 수 있어요. 어때요? 무척 촌스럽지 않나요? 아마 미래의 사람들이 현재의 여러분의 모습을 볼 때도 그렇게 느낄 거예요. 현재 우리의 눈에는 자연스럽게 보이겠지만 말이죠.

그래 봬도
니 아버지 당시에는
읍내 최고 멋쟁이였다!
웃지 마!
그…그땐
잘 나갔었다고!
푸하하하~
아이고~ 촌스러!
아버지
30년 전
청춘 사진

공동체의 문화는 구성원들에게 아름다움을 판단하는 두 번째 눈을 제공해 줍니다. 그리고 그 눈은 가끔씩 우리에게 자연적인 아름다움과는 거리가 먼 것에서 아름다움을 느끼게 하기도 하죠. 문화는 시대와 장소에 따라 다양하며 객관적이거나 절대적인 문화는 찾기 힘듭니다. 문화의 이런 특징은 시대와 장소에 따라 서로 다른 것들을 아름답게 여기도록 만드는 역할을 하기도 합니다. 아름다움의 주관성은 바로 이점에서 나옵니다.

다음 사진을 볼까요? 이 석상의 이름은 〈빌렌도르프의 비너스〉입니다. 구석기시대의 유물인 이 석상을 당시의 이상적인 여성의 모습을 나타내는 것이라 생각하는 학자도 있습니다. 여러분의 눈에도 이 석상이 이상적인 여성의 모습처럼 보이나요?

어떤 몸매를 아름답다고 생각하는지에 대한 판단은 문화적으로 결정되는 아름다움의 차이를 보여 주는 중요한 사례입니다. 여러분은 당연히 아이돌 가수의 몸매처럼 날씬하고 미끈한 몸매가 아름답다고 생각하겠지요. 하지만 뚱뚱한 몸매를 아름답다고 여기는 경우도 있습니다.

캐나다의 심리학자 주디 앤더슨은 세계 각지의 다양한 문화를 연구했는데, 날씬한 몸매를 아름답다고 여기는 곳

<빌렌도르프의 비너스>
구석기시대의 이상적인 여성의 모습으로 추측하는 <빌렌도르프의 비너스>

높이 10cm 정도의 이 작은 조각상은 1909년 오스트리아 다뉴브 강가의 빌렌도르프에서 철도 공사를 하던 중 발견되었다. 주변의 지층 분석을 통해 구석기시대의 유물임이 밝혀졌다. 이 조각상의 정확한 의미나 제작 배경 등은 거의 알려져 있지 않지만 많은 학자들이 당시의 이상적인 여성의 모습을 나타내는 것이라 추측한다.

은 식량 걱정이 없는 지역이었으며 풍만한 몸매를 아름답다고 느끼는 곳은 식량이 부족한 지역이었다고 합니다. 식량이 부족해 먹지 못한 사람들이 보기에 풍만한 몸매는 아름답고 동경하고 싶은 몸매였던 것이죠. 즉, 아름다움이란 그것을 바라보는 사람들의 처지와 문화, 마음 상태에 따라 달라진다는 것입니다.

《이끌림의 과학》을 쓴 애드리언 펀햄과 바이런 스와미도 비슷한 연구 결과를 발표했습니다. 18~19세기 유럽 제국주의* 국가의 귀족과 왕족 여성들은 노동을 하지 않았으므로 실내에서 보내는 시간이 많았습니다. 부와 권력을 가진 여성들의 피부는 유난히 백옥처럼 희었고 흰 피부는 아름다움의 상징이었습니다. 하지만 산업사회에 접어들면서 대부분의 노동자들은 실내에서 일을 하며 보내야 했고, 햇빛을 볼 수 있는 사람들은 경제적으로 여유 있는 사람들이었습니다. 더 이상 하얀 피부는 아름다움의 상징이 되지 못했습니다. 오히려 가난과 병약함의 상징이 되었죠.

다양한 연구 결과를 통해서 아름다움은 단지 눈으로만 보는 것이 아니라는 걸 알았습니다. 인간들에게만 존재하

> ★ **제국주의** 자국의 정치·경제적 지배권을 다른 민족이나 국가로 확대하려는 국가의 정책을 말한다. 주로 침략으로 영토를 확장한다는 점에서 식민주의와 비슷하게 사용된다.

는 문화라는 것은 우리에게 아름다움을 보는 또 다른 눈을 제공해 주었습니다. 인간은 자연에 몸담고 있으면서 동시에 문화를 가진 독특한 존재입니다. 이러한 인간의 이중적인 입장이 바로 아름다움을 객관적이면서 주관적인 것으로 만드는 것이 아닐까요?

나팔바지 vs 스키니진

'나팔바지'라는 말을 들어 보거나 나팔바지를 입은 사람을 본 적 있나요? 1970년대를 배경으로 하는 드라마나 영화에서 본 기억이 있을 거예요. 나팔바지는 1970년대에 유행했던 바지 스타일입니다. 바지 아랫단부터 통이 나팔 모양처럼 벌어지는 형태여서 나팔바지라고 불렀지요. 바지통이 좁고, 발목에서 더욱 좁아지는 스키니진이 유행인 요즘의 기준에서 그때의 사진을 본다면 촌스럽기 짝이 없습니다. 하지만 나팔바지는 당시 가장 인기 있는 패션이었습니다.

이렇듯 아름다움의 기준은 시대와 장소에 따라 달라집니다. 이러한 차이는 인간에게 생물학적으로 타고난 본능만 있는 것이 아니라 사회적으로 만들어지는 문화도 있기 때문입니다. 생물학적으로만 판단한다면 누구에게나 아름다움의 기준은 크게 다르지 않을 것입니다. 문제는 문화에 있습니다. 자고로 문화란 시대와 장소에 따라 다양한 모습을 띄고 나타납니다. 나팔바지가 유행인 시대가 지나고 다리에 꽉 맞는 스키니진이 유행인 시대가 오는 것처럼 말이죠.

사람의 외모도 다르지 않습니다. 여러분의 부모님 시대엔 쌍꺼풀이 없

는 연예인을 찾기 힘들었습니다. 쌍꺼풀은 아름다움의 기본 조건처럼 간주되었죠. 하지만 요즘 개성 있는 배우 중에 쌍꺼풀이 없는 사람도 많습니다. 오히려 쌍꺼풀이 진한 경우엔 느끼하다는 표현을 하기도 하죠.

아름다움과 관련해서 우리의 생각을 갈팡질팡하게 만드는 것은 유행의 힘인 것 같습니다. 그리고 그 유행의 힘은 시대에 따라서 더 커지기도 하고 약해지기도 합니다. 또 어떤 유행은 몇십 년에서 몇백 년 동안 지속되기도 하지만 또 어떤 유행은 몇 년이나 몇 개월 만에 끝나버리기도 하죠. 아름다움을 판단하는 데 있어서 유행을 배제하는 것은 우리에게 불가능한 일인 것 같습니다. 그러니 단일한 아름다움의 기준을 절대적인 것으로 세우는 것은 애당초 불가능하지 않을까요?

4장

아름다운
사람일수록
행복할까요?

사람들은 예쁜 여자와 멋진 남자만 좋아하나요?

앞에 등장한 다양한 이야기 속 주인공들은 아름다운 외모 덕에 서로 사랑에 빠진다고 했어요. 그런데 정말 아름다운 외모만으로 사랑에 빠진다면 아름답지 못한 사람들에겐 불행한 미래가 예정된 것인가요? 이건 큰 문제가 아닐 수 없습니다.

심리학자들은 외모가 사람들에게 어떤 영향을 미치는지 다양한 실험을 진행해 왔습니다. 그 실험의 결과는 아름다운 외모가 인간관계에 얼마나 큰 영향을 미치는지 잘 보여줍니다. 지금부터 들려드릴 이야기도 그중 하나입니다.

만일 여러분은 공중전화박스에서 누군가 두고 간 서류를 발견한다면 어떻게 하겠습니까? 그 봉투 안에는 이력서가 들어 있었고 다음과 같은 메모가 붙어 있었어요.

사랑하는 아빠.

즐거운 여행되시길 빌어요.

그리고 비행기 타기 전에

이 신청서 우체통에 넣는 거

잊지 마세요.

—사랑하는 딸 수지가

여러분은 이 서류를 그냥 두고 가거나 약간의 시간을 할애해서 우체통에 그 서류를 넣을 수도 있겠죠.

그런데 이 상황은 계획된 것으로 1970년대 중반 미국 디트로이트 공항의 한 공중전화박스에서 행해진 관찰 실험입니다. 실험에는 두 가지 종류의 서류 봉투가 사용되었습니다. 각각의 서류 봉투에는 같은 주소, 이름, 나이, 경력이 적혀 있었고, 다만 한 가지, 사진만이 달랐습니다. 하나의 서류에는 한눈에 봐도 예쁜 여성의 사진을 붙였고, 다른 하나에는 누가 봐도 예쁘지 않은 여성의 사진을 붙였습니다. 자기도 모르는 사이에 실험에 참가한 사람은 502명이었습니다. 과연 어떤 서류가 더 많이 우체통에 들어갔을

1
이런 저런 프로젝트에 당신의 사진이 꼭 좀 필요해요.
…

2
근데 어느 쪽이죠? 혹시 한눈에 봐도 안 예쁜 여성?
뜨끔!

3
아… 아무것도 묻지 말고 협력해주게!!
화르륵~
넙죽~
안 예쁜쪽이군…

4
실험결과
역시 못생긴 사람쪽은 거의 돌아오지 않는군요.
응! 역시! 실험은 대성공이군!!
뭐지? 이 두번 상처 받는 기분은?

까요? 실험 결과는 여러분이 예상하는 것과 같습니다. 예쁜 사진이 붙은 서류가 훨씬 많이 우체통에 들어갔습니다.

아름다운 것이 좋은 건가요?

동화 속 주인공들은 하나같이 착하고 예쁩니다. 그리고 악당은 하나같이 험상궂거나 멍청하게 생겼죠. 아름다움과 선함을 연결하는 전통은 플라톤에서 시작되었습니다. 플라톤은 아름다움이란 수적인 조화와 적당한 비율은 사물이 존재하는 비결이라고 말하기도 했습니다. 그리고 적당한 조화와 비율을 지켰을 때 사물이 존재한다고도 했죠. 예를 들어 우리 몸에서 물이 차지하는 비율이 조금이라도 달라진다면 생명에 위협이 되듯이, 건물의 비율이 맞지 않으면 제대로 지탱할 수 없듯이 조화와 비율은 그 사물이 존재할 수 있는 조건이라는 것입니다. 플라톤은 이 조건을 '좋음의 이데아'라고 불렀습니다.

플라톤에 따르면 아름다운 것은 좋은 것입니다. 여러분의 생각은 어떤가요?

'(일반적으로) 아름다운 사람은 착할까? 못생긴 사람은

(일반적으로) 나쁜 사람일까?'라는 질문을 실제 연구한 사람들이 있습니다.

심리학자 노먼 캐비어와 라모나 하워드는 미국의 한 소년원의 수감자 사진 159장을 134명의 평범한 고등학생의 사진과 섞어 두고 사람들에게 호감 가는 얼굴을 고르게 했습니다. 놀랍게도 선택된 사람들 중에 소년원의 수감자는 거의 없었습니다.

이 실험 결과를 어떻게 해석해야 할까요? 이 실험의 결과는 몇 가지 해석이 가능합니다. 우선 외모가 그 사람의 가치관에 영향을 끼친 경우입니다. 사람의 범죄적 성향은 자신이 가진 가치관이나 성향과 관련되어 있습니다. 어린

시절 외모의 결함 때문에 놀림을 받은 사람들은 부정적인 성향을 갖게 되고 그 때문에 범죄를 저지르게 된다는 것입니다.

또 이렇게도 생각해 볼 수 있습니다. 사람들이 누군가를 판단할 때 그의 외모에 영향을 받는데, 그 영향은 그에게 상을 주는 긍정적인 사건과 관련될 수도 있지만 그에게 벌을 주는 부정적인 사건과 관련될 수도 있을 것입니다. 즉, 못생긴 외모는 법정에서도 불리하게 작용해 유죄 판결을 내리도록 유도할 수 있다는 것입니다. 그래서 소년원에 있는 사람들이 비호감의 외모를 가진 이유는 사람들이 비호감의 외모와 부정적인 성향을 연결시키려는 심리적 습성 때문인 것입니다.

정말 아름다움이 행복을 가져다줄까요?

스탕달*은 "아름다움은 행복에 대한 약속이다"라고 말했습니다. 정말 아름다움이 행복을 가져다줄까요? 연구 결

★ **스탕달(1783~1842)** 프랑스의 소설가이다. 《고리오 영감》을 쓴 발자크와 함께 19세기 프랑스 소설 2대 거장으로 평가된다. 대표작은 《적과 흑》, 《파르마의 수도원》 등이 있다.

과에 따르면 아름다움은 행복과 큰 연관이 없다고 합니다. 흔히 사람들은 많이 가지면 더 행복해질 것이라고 생각하지만 사실 무엇을 가졌을 때 느끼는 행복은 그리 오래 가지 않습니다. 아무리 많은 돈을 가졌다고 해도 항상 부족하게 느끼는 것처럼 아름다움도 돈과 같습니다. 아름다움을 가진 사람은 그것 때문에 행복해지는 것이 아니라 자신이 가지지 못한 약간의 부족한 부분 때문에 불행하다고 생각하는 것입니다.

사람들이 아름다움을 통해 행복을 느끼는 경우는 자신이 스스로 아름답다고 느끼는 경우라고 합니다. 그런데 놀라운 것은 사람들은 남을 평가할 때보다 스스로를 평가할 때 더욱 인색하다는 점이에요. 이런 특징은 예쁜 사람들의 경우에 더욱 두드러지게 나타납니다. 다른 사람들은 자신을 남들보다 예쁘다고 생각하는데 정작 본인은 그렇게 생각하지 않는 거지요.

이것은 환경의 영향이 크게 작용하기 때문입니다. 만나는 사람이 적었던 과거에는 한 사람이 평생 만나는 사람들의 수가 적으면 수백, 기껏해야 수천에 불과했습니다. 그들 중에서 눈에 띄는 미인을 만나는 일은 흔치 않았을 것입니다. 그중에 자신의 외모를 평균 이상이라고 판단하는 것은

결코 어렵지 않았을 거예요. 하지만 미디어가 발달한 요즘 은 세계적인 미모의 사람들을 매일 접합니다. 그들과 비교 해서 자신 있는 사람은 많지 않을 것입니다. 결국 미디어가 우리를 아름답지 않은 사람으로 만드는 것이죠.

아름다움은 힘이다!

두 사람이 좁은 복도에서 마주친다면 누가 길을 양보할까 요? 연구에 따르면 더 예쁜 사람이 더 자주 양보를 받는다 고 합니다.

2001년 1월 독일의 한 유명한 잡지에는 한 여성이 다른 여성을 끔찍하게 죽인 사건을 소개하는 글이 실렸습니다. 그리고 그 기사의 제목은 다음과 같았습니다.

'이렇게 아름다운 여자가 어떻게 그런 잔인한 짓을 저질렀을까?'

이 제목은 아름다운 외모와 잔인한 행동은 서로 연결되기 힘들다는 사람들의 생각을 그대로 보여 줍니다. 이러한 사례에서 알 수 있는 건 외모가 아름답다는 것은 큰 재산이자 무기라는 것입니다.

이런 사실은 다양한 실험과 관찰을 통해 증명되고 있어요. 여성 운전자가 고장 난 차량을 고속도로 갓길에 세워두고 도움을 청하는 경우 지나가던 운전자의 도움을 받을 확률은 그녀의 외모에 달려 있다는 실험 결과가 있습니다. 그 밖에도 판매사원의 외모가 호감을 줄수록 고객이 많다거나, 기부금을 모을 때도 아름다운 외모는 큰 힘을 발휘한다는 연구 결과도 있습니다.

정치 분야에서도 외모는 큰 역할을 합니다. 미국 대통령 존 F. 케네디가 처음 정치에 입문했을 때 그의 멋진 외모가

끼익~
어디까지 가세요?♥
나…혹시 안 보이냐?
어머! 고맙습니다.
후-잉~

존 F. 케네디(1917~1963)

민주당 출신의 미국 35대 대통령이다.

걸림돌이 될 것이라고 생각했지만 결과는 그렇지 않았어요. 텔레비전 토론에서 드러난 그의 훌륭한 외모는 그가 대통령이 되는 데 큰 역할을 했습니다. 이후 조사에 따르면 텔레비전 출연이 케네디를 대통령으로 만들었다는 사실이 확인되었습니다.

심지어 이런 연구 결과도 있어요. 예쁜 아기를 낳은 엄마가 그렇지 않은 아이를 낳은 엄마보다 그 아이를 돌보는 시간이 더 길었다는 거예요. 자녀에 대해서도 외모는 차별적인 힘을 갖는다고 하니 놀랍지 않나요?

아름다워서 서러워

이런 사례들을 보자면 아름다움이란 그 어떤 것보다 큰 힘이란 생각이 들 수밖에 없습니다. 하지만 그와 반대로 작용하는 경우도 있습니다. 회사 생활에서 볼 수 있는 장면인데

요, 부하 직원이 일을 제대로 해내지 못했을 때, 매력적이지 않은 부하 직원의 경우에는 단지 운이 나빴다고 생각하는 경우가 많이 있습니다. 하지만 매력적인 부하 직원이 업무를 완수하지 못한다면 노력이 부족했을 것이라고 생각한다고 합니다.

사람들은 아름다움을 게으름이나 불성실과 연결하려는 경향이 있습니다. 또 어떤 경우엔 멍청함과도 연결되지요. '백치미(지능이 낮은 듯하고, 단순한 표정을 지닌 사람이 풍기는 아름다움)'라는 말이 바로 그 증거예요. 영화 〈금발이 너무해〉의 여주인공은 예쁘게 생긴 금발이라는 이유로 똑똑하지 못할 것이라는 평가를 받았습니다.

　1970년대에 미국에서 행해진 한 실험도 이를 뒷받침하고 있습니다. 여러 남녀 대학생이 방을 구하라는 임무를 받았는데 결국 방을 구하지 못한 사람은 빼어난 미인들이었다고 합니다.

　사람들이 항상 완벽한 미모를 가진 사람에게 좋은 점수를 주는 것은 아니에요. 바로 '질투'라는 마음 때문입니다. 주변의 관심을 블랙홀처럼 빨아들이는 사람은 그렇지 않은 사람들의 눈에 마냥 곱게만 보이진 않을 거예요. 이런 경우에 아름다움은 불리하게 작용하기도 합니다.

　하지만 단순히 질투 때문에 이런 결과가 나온 걸까요? 어쩌면 아름다움을 가진 사람에게 어떤 결함이 있을 수도 있을 것입니다. 앞서 다뤘던 다양한 실험과 사례에서 보여주듯이 아름다움은 그것을 가진 사람에게 큰 힘이 되어 많은 일들을 쉽게 처리할 수 있게 도와줍니다. 남들보다 덜 노력하고 더 큰 성과를 얻는 과정이 반복된다면 아무래도 덜 노력하게 되지 않을까요? 결국 자신의 능력을 키울 기회를 잃게 되는 것이고요. 어쩌면 아름다운 사람이 무능력하다는 말은 과장이나 편견이 아니라 사실이 될지도 모르겠네요.

아름다움이라는 저주

독일 전설에 등장하는 물의 정령 온딘은 영원히 늙지도 않고 죽지도 않는 존재였습니다. 하지만 인간을 사랑하고 그의 아이를 낳게 되면 그녀는 늙고, 아름다움을 잃어버릴 운명이었죠. 이런 운명을 잘 알고 있었음에도 불구하고 온딘은 자신이 앞에 나타난 아름다운 청년과 사랑에 빠지고 아이를 낳게 됩니다. 그리고 예언대로 온딘은 나이를 먹기 시작하며 아름다움을 잃어버립니다. 결국 그렇게 사랑하던 남자도 온딘에 대한 사랑이 변하고 다른 여자를 사랑하게 되죠.

이 전설 속에서 아름다움은 사랑을 만들어 내고 행복을 가져다주는 열쇠로 표현됩니다. 반면 아름다움을 잃는 것은 행복과 사랑을 잃는 것으로 그려지지요. 그런데 정말 아름다움은 항상 행복과 사랑을 가져다줄까요?

사진 속 여인은 타고난 미모가 저주가 되어 열여섯 짧은 생을 단두대에서 마친 베아트리체 첸치입니다. 16세기 이탈리아 프란체스코 첸치라는 귀족의 딸로 태어난 베아트리체는 굉장히 아름다운 외모를 지녔습니다. 보통 아름다운 정

〈터번을 쓴 여인-'베아트리체 첸치의 초상' 모사작〉, 엘리자베라 시라니, 1650년경

도가 아니라 자신의 운명을 감당하기 어려울 만큼 예뻤던 모양입니다. 그녀의 나이 열네 살 때 자신과 가장 가까운 사람에게 겁탈을 당한 것이죠. 그로부터 2년 후 자신의 손으로 그를 죽이고 맙니다. 결국 베아트리체는 모진 고문 끝에 대중 앞에서 처형당하게 되죠.

우리 주변엔 여러 측면에서 '좋은' 것들이 많습니다. 스마트폰의 다양한 기능이 바로 그런 유용한 도구 중 하나라고 할 수 있을 것입니다. 그런데 좋은 것들은 바로 그 좋은 점 때문에 문제를 일으키기도 합니다. 스마트폰이 워낙 편리하다보니 그로 인해 다른 중요한 것들을 놓치는 문제를 일으키기도 하죠. 좋다는 것은 흔히 어느 한 부분에서 좋은 것인데, 우리의 삶은 여러 부분이 복합되어 이뤄지는 것이기 때문입니다. 아름다움도 그런 것 같습니다. 아름다운 사람은 행복할 것이라고 생각하기 쉽지만 꼭 그렇지만도 않습니다. 아름다운 사람들 중에서 바로 그 아름다움 때문에 상처받고 피해를 보는 경우가 많다고 합니다. 바로 베아트리체처럼 말이죠. 아름다운 외모가 없었다면 그녀의 인생은 어떻게 됐을까요?

5장

예술 작품은
모두
아름다워야 하나요?

아름다움을 추구하는 다양한 예술 활동

자연 환경에서는 웅장한 산과 강, 바다의 푸른 빛깔, 일곱 빛깔의 영롱한 무지개 등 아름다운 것이 많죠. 한편, 자연에 존재하는 아름다움 이외에 만들어진 아름다움도 있습니다. 그것은 인간이 만들어 낸 아름다움입니다. 사람의 아름다운 얼굴, 매끈한 피부, 듣기 좋은 목소리 등 인간에게 주어진 타고난 아름다움뿐만 아니라 인간에겐 스스로가 만들어 내는 아름다움이 있어요. 그것을 예술이라고 합니다.

'예술'이라고 하면 아름다움을 먼저 떠올리지만 예술(art)의 어원인 라틴어 '아르스(ars)'는 아름다움과 직접적으로 관련된 단어는 아닙니다. '아르스'는 숙련된 능력이나 기술을 의미하는 말이었어요. 이 단어가 예술의 어원이 된 것은 예술적 활동이 특별히 숙련된 기술을 요구하기 때문일 것입니다. 아름다운 그림을 그리거나 웅장한 조각을 만들기 위해선 오랜 시간 연습과 훈련이 필요합니다.

그런데 예술 활동을 위한 기술은 다른 기술들과는 성격이 다릅니다. 고대 그리스의 철학자 아리스토텔레스는 실용적인 쓸모가 있는 일반적인 기술과 달리 예술에서의 기술은 기분 전환이나 즐거움을 가져다주는 기술이라고 설명했어요. 예를 들어 빵을 만들고 집을 짓고 옷을 만드는 것은 먹고, 살고, 입기 위한 기술이죠. 빵을 만들었는데 먹을 수 없고 집을 만들었는데 그 안에서 생활할 수 없고, 옷을 만들었는데 입을 수 없다면 쓸데없는 짓일 뿐입니다. 그런데 예술 활동은 그런 기술들과 전혀 다릅니다. 그림을 그리고 음악을 연주하고 춤을 추는 것은 어떤 목적이 있는 것이 아니라 바로 그 행위 자체를 위해서 하는 것이기 때문입니다. 우리는 이런 행위에 의해 즐거움과 감동을 받게 되죠. 그것에 다른 목적이 있는 것이 아니에요. 그래서 예술은 그 자체가 목적이라고 말합니다.

아리스토텔레스가 의미한 예술을 '순수예술'이라고 합니다. 우리가 흔히 알고 있는 미술, 음악, 무용 같은 것들이 순수예술에 포함되죠. 미술, 음악, 무용 등의 예술을 순수예술이라고 부르는 이유는 앞에서도 말했듯이 예술적 가치

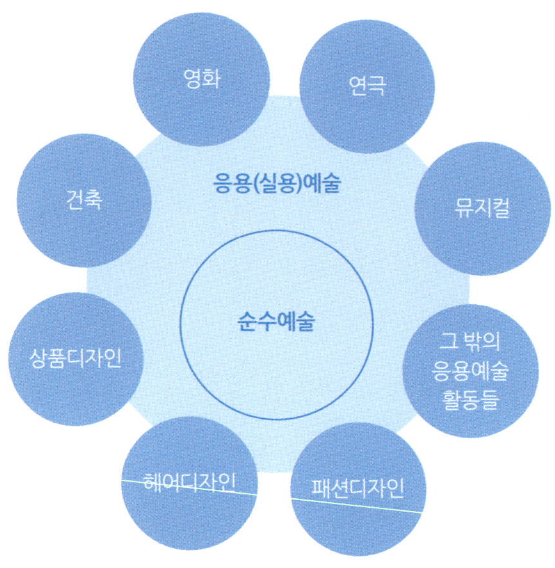

이외의 다른 것을 추구하지 않기 때문입니다.

그런데 요즘엔 순수예술 이외의 다양한 예술적 활동이 우리 삶의 다양한 분야에 스며들어 있어요. 예전과 다르게 무엇이 예술 작품이고 무엇이 아닌지를 구분하는 게 쉽지 않습니다. 그 대표적인 분야가 디자인 분야입니다.

예전엔 제품을 만들 때 기능과 가격만을 고려했다면 최근에는 기능, 가격만큼이나 디자인이 중요해졌습니다. 심지어 순수예술 작품보다 아름다운 디자인의 제품도 많아졌지요.

다음 사진 중에서 다른 용도가 없이 미술관에 전시되어

있는 예술 작품은 두 번째 작품뿐입니다. 나머지 물건들은 시중에서 판매하는 상품들로 실용적인 목적을 하나씩 가지고 있어요. 우리 주변의 여러 상품들조차 이제 아름답지 않으면 팔리지 않을 지경입니다. 오히려 미술관의 작품들보다 더 아름다우니까요.

그렇다면 우리는 왜 이리도 아름다움에 열광하고 아름다운 것을 원하는 것일까요? 전자 제품을 구입할 때 기능과 가격만 고려하는 것이 아니라 디자인을 고려하는 이유는 무엇일까요? 어떤 제품들은 성능이나 재료가 전혀 나아진 것이 없음에도 불구하고 디자인이 바뀌었다는 이유로 훨씬 비싼 가격을 받기도 합니다. 아무런 역할도 하지 않는 것처럼 보이는 디자인에 왜 그토록 열광하는 것일까요?

가전제품을 판매하는 매장에 가면 아름다운 디자인의 상품들이 넘쳐 납니다. 이제 예술은 미술관이나 공연장에서만 감상할 수 있는 고급 취미가 아니라 우리의 삶에 깊숙이 들어와 있는 삶의 일부가 되었어요.

순수예술이든 응용예술이든 다양한 예술적 활동에는 하나의 공통점이 있어요. 그것은 모두 실용적인 목적에 직접적으로 이바지하지 않는다는 거예요. 예술 활동은 모두 아름다움에 대한 인간의 욕구를 충족시켜 주는 활동입니다. 만일 예술적 활동이 없다면 우리 삶은 어떻게 될까요? 우리 주변의 모든 것이 획일적이고 무미건조하며, 무채색으로 덧칠해져 있는 세상을 상상해 보세요. 어떤가요? 별로 유쾌한 모습은 아닐 것 같습니다. 음악, 영화, 그림도 없고, 아름답게 치장하는 사람도 없고, 아름다움에 관심도 없는 사회 말이에요. 오로지 살아가는 것만이 유일한 목적인 그런 사회라면, 거기서도 인간적인 느낌을 받을 수 있을까요? 인간에게 예술이나 아름다움의 성질들을 없애 버리고도 인간적인 삶이라고 할 수 있을까요? 예술은 가장 인간적인 활동입니다. 즉, 아름다움에 대한 추구와 관심이 바로 인간을 가장 인간적이게 만들어 준다는 것이죠.

그럼에도 불구하고 왠지 미술관과 공연장을 찾는 것은 부담스럽게 느껴지는 게 사실입니다. 아름다운 작품으로 가득 차 있어야 할 미술관과 공연장에서 오히려 아름다움을 찾는 게 어렵기 때문입니다.

왜 미술관의 작품들은 별로 아름답지 않을까요?

여러분은 미술관에 자주 가나요? 가장 최근에 간 건 언제
인가요? 아마 미술관에 자주 가는 친구는 많지 않을 것 같
습니다. 그런데 더 아쉬운 건 가끔씩 찾아간 미술관에서
별로 감동을 느끼지 못한다는 점입니다. 그렇다면 그건 누
구의 잘못일까요? 미술 작품을 감상하는 우리의 문제일까
요? 아니면 미술 작품을 그렇게 만든 작가의 잘못일까요?

일단 작품을 보고 이야기하죠.

이 그림은 파블로 피카소의 〈아비뇽의 처녀들〉입니다. 다
양한 예술들은 서로 다른 방식으로 아름다움을 표현한다

〈아비뇽의 처녀들〉,
파블로 피카소, 1907

고 이야기했습니다. 그렇다면 여러분은 이 작품에서 어떤 아름다움을 느꼈나요? 이 그림은 미술 역사에서 굉장히 유명하고 중요한 작품으로 평가받고 있습니다. 그렇다면 우리 모두 아름다움을 느껴야 하는 건 아닐까요?

또 다른 그림을 볼까요? 장승택 작가의 〈무제〉라고 하는 작품이에요. 이 그림에선 어떤 아름다움을 느껴야 할까요?

이런 예술 작품을 볼 때 누구에게나 아름답다는 느낌이 생겨나지는 않을 것 같습니다. 굳이 이렇게 낯선 그림이 아니더라도 레오나르도 다빈치의 〈모나리자〉는 어떤가요? 아마 이 그림을 보고도 아무런 감정이 생기지 않는 사람도 있

〈무제(Untitled)〉,
장승택, 2000

한 시간째
들여다봐도 모르겠어.
아름다운가?

을 거예요. 아니, 어쩌면 더 많은 사람들이 아름답다는 감
정을 느끼지 못할 것 같다는 생각도 듭니다.

예술의 역사와 예술의 역할

인간은 왜 예술을 하게 되었을까요? 아름다움과 떼려야 뗄
수 없는 예술은 어떻게 생겨났을까요? 아름다움에 대한
이해를 위해 예술의 역사를 살펴볼 필요가 있을 것 같습
니다.

인간이 자신들의 삶을 기록한 것을 역사라고 한다면 최
초의 역사는 그림에서 시작됩니다. 고대의 인간들은 문자
가 발명되기 전부터 자신들의 삶의 모습과 희망, 바람을 그
림으로 그려서 표현했거든요.

지금까지 알려진 인류 최초의 그림은 라스코 동굴과 알
타미라 동굴의 구석기시대 벽화입니다. 그림에는 살아 있는
듯 생생한 느낌의 동물들과 그것을 사냥하는 사람의 모습
이 주로 그려져 있어요. 학자들은 당시 사람들이 그들의 바
람을 그림에 표현한 것으로 보고 있습니다. 아마 여러분도
낙서를 좋아할 것 같은데, 여러분은 언제 낙서를 하나요?

1
우오~(기다려)

2
우가?
(빈손?)
우~(미안‥)
꼬르륵
꼬륵

3
하하하
꼬르륵~
음냐
음냐

4
쓱 쓱
우?(뭐해?)
우우…
(잠이안와서…)

이유야 여러 가지가 있겠지만 자신의 희망과 바람을 담아서 그리는 낙서도 꽤 많을 거라 생각합니다.

최초의 미술은 그렇게 자신의 희망이 이뤄지기를 기도하며 그렸을 것이라 추측하고 있어요. 그리고 그림이 실제 동물들과 비슷할수록 소원이 이뤄질 가능성이 높아진다고 생각했을 것입니다. 따라서 초기 미술은 사물을 잘 흉내 내서 그리는 것이 중요했어요. 그런데 요즘의 예술은 최초의 예술과 비교했을 때 달라도 너무 달라졌습니다. 한번 볼까요?

예술의 새로운 도전, 아름다움이 전부는 아니라고?

괴테*는 아름다움이 예술의 궁극적 원리이며 최고의 목적이라고 말했습니다. 하지만 요즘도 이런 생각이 통할까요? 예술의 아름다움과 관련한 미술사의 가장 충격적인 사건은 아마 1917년에 일어난 '뒤샹의 소변기' 사건이 아닐까 합니다.

★ 괴테(1749~1832) 독일 문학의 거장. 대표작으로 《젊은 베르테르의 슬픔》과 《파우스트》 등이 있다.

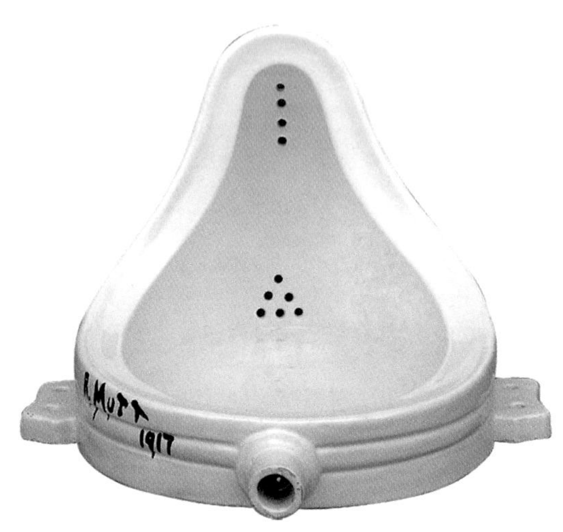

<센>, 마르셀 뒤샹, 1917년

여러분도 이 사진 속 물건이 뭔지 알죠? 남자 화장실에서 쉽게 볼 수 있는 소변기입니다. 유명한 미술가였던 마르셀 뒤샹은 미국 뉴욕의 한 작품 공모전에 <샘>이라는 제목으로 남자용 소변기를 사다가 제출했습니다. 대신 자신의 이름을 속이고 가명을 썼지요. 과연 어떻게 되었을까요? 심사위원들은 기분 나빠하며 이 '작품'을 탈락시켰습니다. 하긴 '작품'이라고 부르기에 좀 그렇죠. 이건 뒤샹이 만든 것도 아니고 감상을 위해 만들어진 것도 아니니까요.

뒤샹은 이후에 이렇게 말했어요.

"예술이란 꼭 무엇을 새로 그리거나 만들어야 하는 건 아니다. 이미 만들어져 있는 것에서 새로움을 발견하는 것이 예술이다."

즉, 이 작품은 뒤샹이 새롭게 만든 것은 아니지만 그 안에서 아름다움을 발견했기 때문에 뒤샹의 예술 작품이라는 뜻입니다. 그리고 놀랍게도 이 변기는 지금 프랑스의 유명한 미술관에 전시되어 있답니다.

예술에 대한 뒤샹의 획기적인 생각은 이후 다양한 분야에 영향을 미쳤습니다. 음악 분야에서도 유명한 작품이 탄생했거든요.

1952년 뉴욕의 한 야외공연장에서 발표한 작품 〈4분 33초〉는 뒤샹만큼 큰 충격을 주었습니다. 아니, 이 곡의 작곡가 존 케이지가 뒤샹보다 더 큰 충격을 주었다고도 볼 수 있습니다. 뒤샹은 자기가 만든 건 아니지만 어쨌든 무언가를 작품으로 내놓았지만 케이지가 아무것도 내놓지 않았거든요. 〈4분 33초〉라는 제목은 곡이 '연주'되는 시간을 뜻합니다. 그 시간 동안 피아노 연주자는 피아노 앞에 앉아 있으면서도 건반을 건드리지도 않았습니다. 대신 청중들의 웅성거리는 소리, 주변을 지나는 자동차의 경적소리, 바람소리, 나뭇잎 스치는 소리, 새소리 등이 공연장을 가득 채우게 되었죠.

마르셀 뒤샹과 존 케이지는 예술에 대한 기존의 생각을

부르르
쉬익!
빵!
빵!
짹짹짹짹~
부스럭
끼익~
부시럭
...
너... 너무 실험적
뭐 하자는 거야?
잘...모르겠어.
웅성
웅성
쉿! 조용히!
이건 사기야!
나쁘지 않은데...? 실험적이야!
난해하군.
글쎄? 자나?
왜 연주를 안 하지?
소근
소근
존케이지의 4분 33초

뿌리까지 흔들어 놓았습니다. 그리고 우리에게 다시 생각할 기회를 주었습니다.

"과연 예술이란 무엇인가?"

이 질문에 대한 답은 위의 그림을 본 후에 하도록 하겠습니다. 이 그림, 어떤가요? 추상화 느낌도 좀 나고 화가의 불안한 마음 상태 같아 보이기도 합니다. 여러분에겐 어떻게 느껴지나요? 만일 이 그림이 경매에 나온다면 얼마에 거래될 것 같은가요? 실제로 이 그림을 그린 화가의 작품 세 점이 약 2,600만 원에 팔린 적이 있습니다. 그리고 20세기 최고의 천재 화가 파블로 피카소는 선물 받은 이 화가의 그림을 자신의 화실 벽에 걸어두었다고도 하네요. 아직까지는 아무런 문제도 없고 이상한 점도 찾을 수 없습니다. 또 다른 경우를 볼까요?

유명한 추상화가이자 미술학과 교수인 제롬 위트킨은 누군가가 소개한 그림 몇 점을 보고 다음과 같은 느낌을 말했습니다. "이 그림은 매우 서정적입니다. 정제되고 간결한 터치가 믿기 힘들 만큼 우아하고 섬세합니다. 감동이 느껴지는군요." 그러면서 동양의 서예에 관심이 깊은 여성화가가 그림을 그렸을 것이라는 추측을 덧붙였다고 합니다. 이렇게 미술가가 다른 미술 작품에 대해 평론을 하는 것도 무척 자연스러운 일이죠.

우리가 주목해야 하는 특이한 점은 두 그림을 그린 화가에 있습니다. 놀랍게도 앞선 그림의 화가는 '콩고'라는 이름의 침팬지이며, 제롬 위트킨이 칭찬한 화가는 '시리'라는 이름의 코끼리였습니다. 사람의 그림이 아니라는 말이죠.

앞서 예술을 '아름다움을 표현하는 기술'이라고 이해했습니다. 그런데 지금까지 살펴본 예술 작품들은 그런 생각을 흔들어 놓고 있네요. 예술을 아름다움의 표현이라고 생각하는 이전의 관점은 요즘 작품에는 해당되지 않아 보입니다. 그러니 예술이 무엇인지 고민해 보지 않을 수 없어요. 과연 예술이란 무엇일까요?

예술이란 무엇일까요? 더 이상 예술과 아름다움을 연결하기란 어려운 것 같습니다. 예술 작품을 전시하는 미술관도 아름다움과 담을 쌓은 것 같고요. 아름다운 작품은 눈을 씻고 찾아야 겨우 볼 수 있을 정도니까요. 그렇다면 아름다움을 보는 우리의 눈에 문제가 있는 걸까요?

예전에 예술 작품들은 아름다움과 연결돼 있었어요. 물론 각 작품마다 아름다움을 느끼는 기준이 다르니 모두가 동일한 아름다움을 느낀다고 할 수는 없겠지만요. 하지만 요즘은 그 수준을 넘어선 것 같습니다. 아름다움과는 거리가 멀어 보이는 것뿐만 아니라, 충격적이기까지 한 작품도 있으니까요. 침팬지가 그냥 붓으로 한 줄 죽 그려 내린 작품이나 남성용 소변기 정도는 다음 작품에 비하면 무척 아름다운 작품에 속할 것 같습니다.

1961년 이탈리아의 예술가 피에로 만초니는 자신의 똥을 캔에 담아 〈예술가의 똥〉이란 이름으로 발표했습니다. 다른 것도 아닌 자신의 똥을 말이죠! 그 '작품'은 모두 90개가 생산되었습니다. 게다가 작품의 가격은 같은 무게의 금값으로 책정되었습니다.

'작품'을 제작한 작가의 의도는 무엇이었을까요? 설마 아름다움을 의도

하고 만들었는데 우리만 그 아름다움을 느끼지 못하는 건 아니겠죠.

예술 작품은 이제 아름다움을 목표로 하지 않는 것들이 더 많습니다. 예술 작품이 아름답다는 것은 이제 옛날이야기처럼 들릴 정도니까요. 그렇다면 과연 아름답지도 않은 예술 작품은 왜 만드는 것일까요? 여러분도 한번 생각해 보세요.

참, 만초니의 작품 하나가 최근(2007년)에 경매에서 팔렸다고 합니다. 그것도 1억 7천만 원에.

6장
동물들도
아름다움을
알까요?

아름다움은 진화의 결과물

아름다움을 객관적인 사물의 특성으로 보려는 과학자들은 그 근거로 생물학 이론을 들곤 합니다. 인간이 동물의 한 종류인 것처럼 아름다움에 대한 인간의 열망 역시 동물적인 특성이라는 거죠. 생물학적 특성을 바탕으로 아름다움을 설명하는 방법은 요즘 많은 증거가 쌓이며 더욱 설득력을 얻고 있습니다. 과연 어떤 논의가 오고가는지 하나씩 살펴볼까요?

진화론의 창시자인 다윈은 공작새의 날개가 여전히 남아 있다는 점이 진화론의 관점에서 설명하기 힘든 문제라고 생각했습니다. 공작의 날개가 아름답긴 하지만 생존에 도움을 주지 못한다고 생각했거든요. 아름다운 날개는 분명 암컷을 유혹할 때 큰 역할을 하겠지만 그것도 살아남아야 의미 있는 일이고 포식자에게 잡아먹히면 공든 탑이 한 번에 무너져 버릴 수 있기 때문이지요.

하지만 다윈은 반대의 경우를 생각하지 못했습니다. 살아남았더라도 배우자를 유혹하는 데 실패해 짝짓기를 하지 못한다면 유전자가 후대에 전달되지 못하기는 마찬가지이기 때문이죠. 동물들에게 생존과 번식은 어느 하나 포기할 수 없는 중대한 과제입니다.

아름다움이 주관적인 느낌이라고 주장하는 이들은 사람마다 아름답다고 느끼는 것이 다르다는 점을 그 증거라고 주장합니다. 그런데 정말 서로 아름답다고 느끼는 게 다른가요? 그건 좀 고민해 봐야 할 문제 같습니다. 사람들이 아름답다고 느끼는 대상이 완전히 같지는 않겠지만 그렇다고 해서 모든 사람이 아름답다고 느끼는 것이 전부 다른 것은 아니기 때문이에요. 사람마다 아름다움의 기준이 다르다고 말하지만 그럼에도 불구하고 대부분의 사람들은 원빈이나 정우성, 장동건 같은 남자 배우를 보면 멋있다고 합니다. 김태희나 한혜진, 송혜교 같은 여자 배우에게는 예쁘다고 할 테고요. 혹시 동의하지 않는 몇몇이 있다 해도 적어도 그들이 못생겼다거나 추하다고 말하지는 않을 거예요.

아름다움을 주관적인 느낌이라고 생각하는 이들은 사

람들이 공통된 아름다움을 느끼는 현상을 이렇게 설명합니다. 우리가 동일한 것에서 아름다움을 느끼는 것은 그것이 객관적인 아름다움을 가지고 있기 때문이 아니라 그것이 아름다운 것이라고 '배웠기' 때문이라는 것입니다. 후천적으로 가정과 학교에서 학습을 통해 그리고 미디어를 통해 무의식적으로 같은 것을 아름답게 느끼도록 교육받는다는 거죠. 따라서 동일한 문화, 공동체에 속한 사람들은 대체로 비슷한 대상에서 아름다움을 느끼게 된다는 것입니다.

그런데 과학자들은 실험을 통해 갓 태어난 아기들도 아름다움을 보는 눈이 우리와 다르지 않다는 것을 밝혀 냈습니다. 생후 석 달에서 여섯 달까지의 젖먹이 아기들에게 예쁜 여자와 그렇지 않은 여자의 사진을 보여 주고 그들의 눈동자 움직임을 관찰했습니다. 결과는 놀라웠어요. 젖먹이들 역시 어른들이 예쁘다고 평가한 얼굴을 가장 오래 쳐다보았던 것입니다.

더 어린 아기들을 대상으로 행해진 실험도 있습니다. 태어난 지 14시간에서 길어야 6일이 지난 아기를 품에 안고 아기의 왼편과 오른편에 각기 다른 모니터를 두었습니다. 하나의 모니터에는 아름다운 여자의 사진을, 반대편에는 예쁘지 않은 여자의 사진을 두고 번갈아 가며 보여 주었습니다. 그 결과 대부분의 아기들이 아름다운 얼굴을 보는 데 삼 분의 이가 넘는 시간을 사용했다고 합니다. 결국 갓난아기가 좋아하는 얼굴도 어른들이 미인이라고 생각하는 모습과 다르지 않다는 것이죠. 가정이나 학교 등의 공동체나 미디어의 영향을 전혀 받지 않은 갓난아기들도 어른들과 같은 선택을 하는 것으로 보아 아름다움을 후천적으로 학습된 주관적인 요소라고 보기는 힘들 것 같지 않나요?

아름다움의 객관성을 주장하는 과학자들에게 동물들의

아름다움 경쟁은 좋은 증거라 할 수 있습니다. 예를 들어 긴꼬리과부새가 바로 그런 경우입니다. 긴꼬리과부새의 수컷은 자기 몸보다 몇 배나 긴 꽁지깃으로 치장하고 있습니다. 그러니 날아오르는 것조차 힘에 겨울 정도지요. 하지만 날개를 펴고 날아오르는 모습을 보면 그 꼬리의 역할을 짐작할 수 있습니다.

긴꼬리과부새의 생김에 관심을 가졌던 동물학자 말테 안데르손은 재미있는 실험을 했습니다. 서른여섯 마리의 과부새를 잡아 그들의 긴 꽁지를 가위로 자르고 접착제로 깃털을 새로 붙였습니다. 어떤 새의 꽁지는 짧게 줄이고, 어떤 새의 꽁지에는 다른 새에서 잘라낸 꽁지를 이어 붙여서 원래 것보다 몇 배나 길게 만들어 주었지요. 그리고 몇 주간의 관찰 결과 놀라운 사실을 알아냈습니다. 꽁지의 길이와 알의 개수가 비례한다는 것을 발견한 것입니다. 즉, 꽁지가 긴 새가 더 많은 알을 낳은 것입니다.

과부새의 긴 꽁지깃은 다른 동물이 공격할 때 빠르게 도망칠 수 없게 하니 분명 생존에 불리하게 작용할 것입니다. 게다가 적의 눈에도 잘 띄게 만드니 좋을 게 하나 없습니다. 하지만 그럼에도 불구하고 꽁지가 그렇게 길게 진화한 것은 암컷들이 꽁지가 긴 수컷을 선택했기 때문입니다. 결

긴꼬리과부새 수컷의 꽁지깃은 매력 포인트

긴꼬리과부새 수컷의 운명을 결정하는 것은 꽁지깃의 길이이다. 수컷의 꽁지깃이 길수록 짝 짓기 성공률과 번식률이 높아지는데 이는 암컷들이 수컷의 길쭉한 꽁지깃을 매력적으로 느 끼기 때문이다.

국 아름다움은 진화의 과정에서 선택된 것이라 할 수 있습
니다.

아름다움을 유지하기 위해 참아야 하는 것

생물학자들은 한 발 더 나아가 인간의 예술 활동 역시 공
작새가 아름다운 꼬리를 뽐내는 것과 원리적으로 다르지
않다고 주장합니다. 이 원리를 생물학자들은 '핸디캡* 원리'
라고 부릅니다. 핸디캡 원리는 아름다
움을 통해 자신이 능력 있고 강한 존
재임을 간접적으로 보여 주는 전략입
니다. 공작새의 날개처럼 생존에 도움

이 되지 않는 특징이 진화의 과정에서 선택된 것은 생존에
불리한 요소가 있음에도 다른 개체에 비해 뒤지지 않는다
는 점을 보여 줍니다. 자신의 여유를 과시하는 역할인 거
죠. 치렁치렁한 장식을 하고도 살아 있다는 것은 생존 능력
이 탁월한 믿음직한 짝짓기 상대라는 것을 의미합니다. 마
찬가지로 인간의 예술 활동 역시 생존에 전혀 도움이 되지
않지만 시간과 노력을 투자해서 예술 활동을 하는 것으로

자신의 능력을 보여 줄 수 있다는 이론입니다. 이로써 짝짓기에 유리해지는 거죠. 결국 예술이란 좋은 짝을 찾기 위한 생물학적 작용이라는 결론을 도출할 수 있습니다.

공작새나 긴꼬리과부새의 화려한 깃은 결코 생존에 유리한 특징이 아닐 것입니다. 그럼에도 불구하고 그러한 특징이 후대에 전해진 건 자신의 유전자를 후대에 전하는 데에 일정한 기여를 했기 때문입니다. 그 핸디캡은 배우자에게 마치 이렇게 말하는 것처럼 보이네요.

"내가 무엇을 할 수 있는지 봐라!"

"그래, 난 이만큼 능력 있다!"

과학자들은 이러한 원리를 인간의 배우자 찾기와 다양한 문화현상에 적용시켰습니다. 대표적인 것이 요리사의 하얀 앞치마입니다. 깔끔하게 유지하려면 무척 번거롭겠지만 대신 식당이 청결하다는 것을 보여 줌으로써 많은 손님을 모을 수 있습니다. 값비싼 자동차나 가방을 구입하는 것 역시 생존과 관련된 일은 아닙니다. 하지만 이런 곳에 돈을 사용하는 것은 예비 배우자에게 자신이 능력을 과시하려는 동물적 습성의 표현이라는 것입니다.

이처럼 아름다움을 얻기 위해서는 적잖은 어려움을 감수해야 합니다. 목까지 단추가 채워진 답답한 셔츠에 넥타

나 능력 있지?

이를 조여 매는 것도, 서 있기도 힘든 하이힐을 신는 것도 모두 아름다움을 얻기 위해 지불해야 하는 수고인 것이죠. 그리고 그 어려움을 참아 낼 수 있다는 것을 보여 줌으로 써 자신의 능력을 과시하는 것입니다.

아름다움은 좋은 유전자의 증거

생물학자들은 동물의 아름다움이 건강함의 상징이라 생각합니다. 아름다운 배우자가 자신의 유전자를 후대에 더욱 잘 전달해 줄 것이라는 본능의 결과라는 것이죠. 이 경우 아름다움은 생존과 직결되는 문제입니다.

　이는 좋은 유전자 가설*로도 설명할 수 있어요. 좋은 유전자를 가진 건강한 수컷은 기생충의 피해를 덜 받게 되고, 상처나 병의 흔적이 적습니다. 그 증거는 좌우 대칭이 맞는지 여부로 판단할 수 있습니다. 동물들은 어미의 뱃속에서 자라는 동안 유해한 물질의 영향을 받는 경우가 있는데, 그 흔적이 좌우의 대칭이 조금씩 어

* **좋은 유전자 가설** 좋은 유전자를 가진 배우자와 만나면 그 좋은 유전자를 자신의 자식에게 물려줄 수 있게 된다. 따라서 후대에 다른 경쟁자를 제치고 번성할 수 있으므로 좋은 유전자를 가진 배우자를 찾게 된다는 이론이다.

굿나는 것으로 드러납니다. 좌우의 대칭이 완벽할수록 어미의 뱃속에서 건강하게 잘 지내 왔음을 보여 주는 증거이자 건강하고 훌륭한 유전자를 가졌다는 것을 암시합니다.

인간이 배우자를 선택할 때에도 마찬가지입니다. 잡티 없는 피부와 좌우 대칭이 잘 이뤄진 얼굴은 사람들이 선호하는 얼굴입니다. 인간도 결국은 동물이며 동물의 생존과 번식에 유리한 특징들을 읽어 내는 능력이 나타난 결과라고 할 수 있을 것입니다.

동물도 아름다움을 즐길 수 있을까요?

사람들은 아름다움을 누리는 것은 인간만의 고유한 특성이라고 생각해 왔어요. 하지만 생물학자들은 아름다움을 즐기는 인간의 특성이 사실은 동물의 짝짓기 본능에서 나온 것이라고 주장했습니다. 아름다움과 관련한 인간의 행동이 동물의 본능과 다를 바 없다는 것이죠. 그런데 정말 아름다움을 추구하고 즐기는 인간의 행위가 다른 동물들처럼 항상 짝짓기를 위한 것일까요? 오로지 짝을 유혹하기 위해서 공작새는 화려한 날개를 진화시켜 왔고, 긴꼬리과부새는 기다란 꽁지를 휘날리며 날아오르죠. 하지만 사람들은 어떤가요? 혼자 고독을 즐길 때 아름다운 음악을 듣는 것처럼 예술 작품을 감상하거나 예술 활동을 하는 것이 항상 이성을 유혹하기 위해서는 아닙니다.

이것은 인간의 예술 활동은 그 자체가 목적이 되는 경우가 있다는 걸 의미합니다. 예술 활동의 뿌리가 어디에 있든, 예술 행위에 숨겨진 목적이 무엇이든 예술 활동을 하는 사람들에게 예술의 목적은 그 자체인 경우가 많습니다.

그럼 예술 활동이 목적 자체인 것은 인간의 고유한 특성인 걸까요? 하지만 여기 동물도 인간과 다르지 않다는 주장을 하는 사례가 있습니다. 오랫동안 아프리카의 침팬지를 연구했던 한 과학자는 인간만이 아무런 목적도 없이 아름다움을 감상한다는 주장을 부정했어요.

어느 날 과학자는 아프리카 하늘을 온통 붉게 물들인 석양을 지켜보고 있었습니다. 그때 숲속에서 파파야 한 묶음을 들고 침팬지 한 마리가 나타났습니다. 지는 해를 발견한 침팬지는 쥐고 있던 파파야를 슬그머니 내려놓더니 아름답게 불타오르는 노을을 15분 동안이나 물끄러미 바라보았다고 합니다. 그리고 해가 완전히 사라지자 터덜터덜 숲으로 돌아갔습니다. 땅에 내려놓은 파파야는 까맣게 잊은 채 말이죠. 아름다운 노을을 바라보는 그 순간에는 침팬지도 생명 유지에 필요한 먹을 것 그 이상의 무언가를 찾고 있던 건 아닐까요?

생물학자들은 짝짓기 본능이 아름다움을 만들어 냈으며, 아름다움을 통해 동물들은 자신의 배우자를 찾을 수 있게 되었다고 말합니다. 아름다움은 짝짓기 같은 목적을 위한 수단으로 작용한다는 것이죠. 그런데 붉은 노을을 감상하느라 먹이를 잊은 침팬지의 사례는 동물들에게도 아무런 대가 없는 아름다움이 의미 있을 수 있다는 것을 보여 주는 게 아닐까요?

아름다움을 느끼고 창조해 내는 능력은 인간이 가진 여러 가지 능력 중에서 가장 가치 있는 능력으로 간주하곤 합니다. 그런데 그런 능력이 동물들에게도 있을까요?

아쉽게도 동물에게 직접 물어볼 수는 없지만 완전히 알 수 없는 것은 아닙니다. 동물들도 아름다움을 느끼는지, 만들어 낼 수 있는지, 이 질문에 답을 해 줄 만한 증거가 있습니다.

바우어새(bower bird)가 지은 둥지

동물들이 아름다운 외모를 가꾸는 것은 아름다움을 느낄 수 있다는 간접적인 증거가 됩니다. 좀 더 아름다운 외모를 가진 동물이 더 잘 번식하고 살아남는 것은 아름다움이 배우자를 선택할 때 중요한 요소로 작용하기 때문입니다. 인간이 그렇듯이 말입니다.

동물은 인간과 달리 육체적으로 타고난 아름다움만 있으니 새로운 아름다움을 만들어 내는 인간과 다르다고 말하는 이가 있을지도 모르겠네요. 하지만 그것도 완전히 맞는 말은 아닙니다. 호주와 뉴기니에 서식하는 바우어새(bower bird)는 난초와 달팽이 껍질, 딸기, 나무껍질 등의 다양한 재료를 이용해 화려한 색과 기하학적 장식을 가진 집을 짓습니다. 그리고 이 집으로 암컷을 유혹해요. 안전한 집이 완성된 후에도 집을 치장하는 데 많은 시간을 투자합니다. 그렇게 가꾼 집이 아름다울수록 암컷의 선택을 받을 확률이 높아진다고 합니다. 아름다움을 느끼고 만들어 내는 능력이 이 정도면 인간의 고유한 능력이라고 말하기 힘들겠죠?

7장

왜 여자에겐 예쁘다,
남자에겐
멋있다고 할까요?

다양한 아름다움의 종류

이집트의 클레오파트라와 당나라의 양귀비, 스파르타의 헬레네는 당시 가장 아름다운 여인이었습니다. 여기에 여신 아프로디테까지 합세하면 마치 아름다움에 대한 열정은 여자들만의 것으로 느껴집니다. 그 아름다운 여자를 차지하려는 다툼은 남자들의 몫인 것 같고요. 하지만 그건 과거 사회가 남성을 중심으로 움직였기 때문입니다. 그럼 요즘은 어떤가요? 남자들도 여성들 못지않게 자신을 꾸미는 일에 관심이 많습니다. 남자들이 아름다운 여성에 끌리는 것처럼 여성들도 아름다운 남자에 이끌립니다. 여자들도 기왕이면 잘생긴 남자를 좋아하지 않을까요?

하지만 아름다움과 관련된 말들을 사용할 때는 조심해야 합니다. 만일 같은 반 남자애에게 "너 참 아름답다"라고 말한다면 어떤 일이 벌어질까요? 아마 옆에 있던 친구들은 깔깔거리며 웃느라 배꼽이 빠질 테고, 그 말은 들은 친구는 얼굴이 빨개지거나 주먹을 불끈 쥘 수도 있습니다. 왜 남자는 아름답다는 말을 들으면 이렇게 반응하는 걸까요?

여자와 마찬가지로 남자도 아름다워지고 싶어 하지만 여자와 비교하면 '새 발의 피'에 불과합니다. 또 남자들이 추구하는 아름다움의 형태 또한 여자들과 달라 보이고요. 그렇다면 여자들이 추구하는 아름다움과 남자들이 추구하는 아름다움은 어떻게 다른가요?

아름다움을 표현하는 말은 참 다양합니다. 예를 들어 '예쁘다', '우아하다', '귀엽다', '멋지다', '잘생겼다', '앙증맞다', '세련됐다', '웅장하다' 등의 말은 아름다움과 관련된 성질을 나타내지만 조금씩 다른 상황에서 사용됩니다. 흔히 '귀엽다'는 표현은 아기나 강아지처럼 작은 것과 주로 어울리며, '웅장하다'는 표현은 산이나 건축물 같은 큰 덩어리에 잘 어울리는 표현인 것처럼 말이에요.

이와 같은 방법으로 편의상 남성적인 아름다움과 여성적인 아름다움을 구분해 볼 수 있습니다. 흔히 남성적인 아름다움에는 '씩씩하다', '우람하다'와 같은 표현을 사용합니다. 반대로 '예쁘다', '우아하다', '아름답다', '귀엽다', '앙증맞다' 등의 단어는 여성적인 아름다움을 표현하죠. 그리고 그

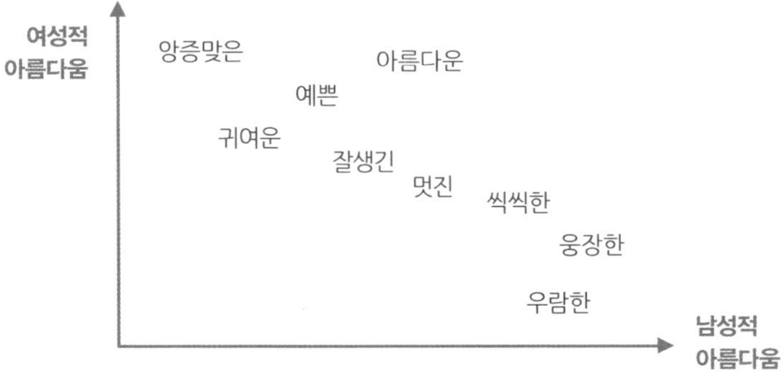

중간쯤의 의미를 보여 주는 '멋지다'나 '잘생겼다'는 단어들도 있어요. 이러한 구분이 절대적인 것은 아니지만 대체로 아름다움을 표현하는 대상에 적절한 단어를 사용할 때 그 의미가 잘 살아나곤 합니다. 예를 들어 남자-여자, 어른-아이, 큰 것-작은 것, 강한 것-부드러운 것, 굵은 것-가는 것, 진한 것-연한 것, 직선-곡선, 단순한 것-복잡한 것으로 사물을 나누어 본다면 대체로 앞의 단어에는 남성적 아름다움 표현이 어울리고, 뒤의 단어에는 여성적인 표현이 잘 어울린다고 느껴질 거예요. 물론 거꾸로 표현을 사용한다고 해서 틀렸다고 말할 수는 없겠지만 상당히 어색하게 들릴 것입니다.

그런데 아무리 살펴봐도 남성적인 아름다움을 표현하는 단어가 여성적인 것에 비해 적어 보이는 건 왜일까요? 단지

BUS
너 되게 앙증맞다!
넌 되게 우람하구나.
위화감이…

단어가 부족한 것일까요? 아니면 아름다움이란 게 근본적으로 여성적인 것과 관련이 더 많기 때문일까요?

이와 관련해 영국 세인트앤드루스대학교의 데이비드 페렛 교수팀은 재미있는 실험 결과를 발표했습니다. 우선 수천 장의 사진을 합성해 평균적인 남자 얼굴과 여자 얼굴을 만들고 그것의 비율을 조절하면서 합성할 때 어느 경우에 호감이 생기는지 물었습니다. 실험 결과는 아주 흥미로웠습니다. 여자의 경우 평균적인 여성보다 더 여성적인 특징이 부각될수록 호감도가 높았던 반면, 남자의 경우 남성적인 특징이 드러날수록 호감도가 낮아진 것입니다. 결국 여성적인 특징이 사람들의 호감을 불러일으키는 요소라는 걸 알 수 있죠.

이 실험은 아름다움이라는 것이 여성적인 특징이라는 생각을 지지하는 것처럼 보입니다. 실제 남성적인 것에 아름다움을 표현하는 단어를 붙인다 해도 여성적인 아름다움과 비교하기엔 부족하다는 생각이 드는 까닭은 이 때문이 아닐까 하네요.

아름다움은 여성의 것인가요?

그런데 아름다움을 여성의 특징으로 보는 것이 어디에나 딱 들어맞는 것은 아닙니다. 동물의 경우는 오히려 수컷이 더 아름답기 때문입니다. 앞서 언급한 긴꼬리과부새나 공작새의 경우는 물론이고, 청둥오리와 꿩도 수컷이 더 화려한 깃털을 가지고 있죠. 사자의 화려한 갈기 역시 수컷의 특징입니다.

그렇다면 왜 유독 인간에게만 아름다움이 여성의 특권이 된 걸까요? 쉽게 대답할 수 있는 질문은 아니지만 그럴듯한 대답을 내놓은 학자들은 있어요. 인류학자 세라 블래퍼 허디는 특별히 인간만 여자에게 아름다움의 특권이 주어진 이유를 다음과 같이 설명합니다.

공작은 왜 수컷이
더 예쁠까?

다른 동물과 비교해 인간의 새끼는 아주 오랜 시간동안 어른의 보살핌을 받아야 합니다. 동물의 왕국에 나오는 다양한 새끼를 보면 어미의 보살핌을 받는 기간이 인간과 상당히 차이가 있다는 것을 알 수 있어요. 아프리카의 초원에 사는 임팔라는 막 태어난 새끼가 하루도 안 되어 바로 뛰어다닙니다. 또 바다거북의 새끼는 어미의 어떠한 보살핌도 받지 않고 알에서 깨자마자 생존을 위해 자기 앞길을 개척해 나가죠. 이에 비교한다면 신생아는 아무것도 할 수 없다고 해도 과언이 아니에요. 혼자 몸을 뒤집는 데도 몇 개월이 걸리고, 스스로 걸으려면 거의 1년이란 시간이 필요합니다. 혼자서 생활하기까지는 아주 오랜 시간동안 어른들에게 많은 가르침을 받은 후에나 가능합니다. 다른 동물들 중에 인간의 이런 점과 비슷한 동물은 없습니다.

임팔라의 새끼는
태어난 지 하루 만에
뛰어다닌다.

그러니 사람에게 자녀를 보살피고 교육하는 것은 생존을 위해 무척 중요한 일입니다. 그리고 그건 생각보다 쉬운 일이 아니에요. 여러분들의 부모님께 여쭤 보면 쉽게 알 수 있을 것입니다.

인간의 경우 자식의 양육과 보살핌은 상당 부분 여자가 담당해 왔습니다. 하지만 워낙 힘든 일이다 보니 주변 사람들의 도움이 필요했어요. 특히 아버지와 같은 남성의 도움은 필수적이었을 것입니다. 결국 여성의 아름다움은 남성에게 도움을 얻어 내기 위한 수단으로 진화해 왔을 것입니다. 이러한 원리는 긴꼬리과부새의 아름다운 꽁지깃이 진화해 온 원리와 크게 다르지 않습니다. 다만 동물의 아름다움은 수컷이 암컷을 유인해 짝짓기를 이뤄 내기 위해 진화했다면, 인간의 아름다움은 여성이 남성과 양육의 부담을 나누기 위해 진화해 온 것이라는 점에서 차이가 있을 뿐이죠.

동물과 사람의 아름다움 특성을 생각해 보면 하나의 공통점을 찾을 수 있습니다. 그것은 결국 아름다움이 선택받는 측의 특권이라는 점입니다. 이런 관계는 일상 생활에서도 쉽게 찾을 수 있어요. 예를 들어 연필을 살 때도 선택하는 사람과 선택받는 연필 중에 아름다워야 하는 쪽은 당연히 선택받는 연필이겠죠. 밥 먹을 곳을 정하거나 어느 학

원에 다닐지 결정할 때도 다른 조건이 모두 같다면 예쁘게 잘 꾸며진 곳을 선택하는 게 당연합니다.

즉, 진화하는 과정에서 남자는 선택권을, 여자는 아름다움을 나눠 갖게 된 것입니다. 그럼 이런 상상은 어때요? 만일 진화하는 과정에서 여성에게 선택권이 있었다면 어땠을까요? 아주 오래전 사회가 여성 중심으로 움직여 여성, 특히 엄마에게 힘과 권력이 주어지고 양육에 필요한 남성을 마음대로 선택할 수 있었다고 가정해 봅시다. 그래도 여성이 아름다움을 소유했을까요? 아마 그렇지 않았을 것 같습니다. 결국 선택받아야 했던 여성이 양육의 문제를 해결하

기 위해 아름다움을 갖게 된 것입니다.

이런 흐름에서 볼 때 요즘 나타나는 새로운 현상도 이해할 수 있어요. 언제부터인가 예쁘다는 말이 어울리는 남자나 멋지다는 말이 자연스러운 여성이 등장했습니다. 남녀의 관계가 예전과 달라지고, 남녀의 역할이 다양해졌기 때문입니다. 남녀의 역할에 대한 고정관념은 바뀌고 있어요.

유명한 생물학자인 최재천 교수는 《여성시대에는 남자도 화장을 한다》는 책을 통해 남녀의 역할이 바뀌고 여성의 권리가 높아지는 앞으로의 세상에서는 남자가 화장하는 일이 자연스러운 일이 될 것이라고 예측했습니다. 국가에서 치르는 다양한 시험에서 여성이 일등을 하거나 군대에서 여자들이 두드러진 실력을 보이는 일은 이제 아주 흔한 일이 되었습니다. 사회적으로 활동하는 여성의 비율도 크게 늘었고요. 여성은 살림을 해야 하고 돈은 남자가 벌어야 한다고 생각하는 사람은 이제 거의 없습니다. 아마 이런 변화가 아름다움에 대한 남녀의 차이를 없애는 게 아닐까요?

만 가지 아름다움

아름다움을 나타내는 다양한 단어는 아름다움의 다양한 성질들을 생각해 보게 합니다. 만일 아름다움이라는 성질이 한 가지라면 아름다움을 나타내는 표현이 그렇게 다양할 수 있을까요? 아름다움을 표현하는 다양한 단어는 사물이 가진 여러 가지 종류의 아름다움을 느낄 수 있게 도와줍니다. 어떤 것은 색깔이 진해서 아름답고 어떤 것은 색깔이 연해서 아름답죠. 어떤 것은 커서 아름답고 또 어떤 것은 작기 때문에 아름다워요. 선이 굵어서 아름다운 것이 있고, 선이 가늘어서 아름다운 것도 있습니다.

아름다움의 성질은 한 가지가 아닙니다. 다양한 성질들이 결합해 만들어 낸 것이죠. 마치 훌륭한 음식을 먹으면서 '맛있다'고 말할 때, 그 말 속에 담긴 '맛'은 하나의 맛을 의미하지 않는 것처럼 말이죠. 쓰고, 맵고, 달고, 고소하고, 짠맛이 절묘하게 결합해 음식을 맛있게 만드는 것처럼, 사물의 다양한 성질이 결합될 때 아름다움을 느낄 수 있습니다. 그 다양한 성질 중에서 어떤 사람은 색깔에 주목해 그것을 아름답다고 느끼고, 어떤 사람은 모양에 주목해 아름답지 않다고 느끼는 것입니다. 그래서 '제 눈에 안

경'이라는 말이 나왔나 봅니다. 어떤 사람은 짜장면을 좋아하고 또 다른 사람은 짬뽕을 좋아하는 것처럼, 아름다움에 대해서도 저마다 개성 있는 판단을 내립니다. 그건 아름다움이 다양한 성질의 결합을 통해 나타난다는 증거일 것입니다.

이것은 사람을 평가하는 것과도 유사합니다. 사람에 대해서 평가하고 판단할 때 단지 외모만으로 판단하지는 않습니다. 정말 많은 잣대가 있습니다.

얼마나 아름다운가?

얼마나 키가 큰가?

얼마나 착한가?

얼마나 똑똑한가?

얼마나 일을 잘하는가?

얼마나 운동을 잘하는가?

얼마나 옷을 잘 입는가?

얼마나 말을 잘하는가?

얼마나 건강한가?

얼마나 돈이 많은가?

사람을 평가하는 수많은 기준 중에서 사람들은 저마다 자신이 중요하게 생각하는 기준을 몇 가지 정하곤 합니다. 물론 그 기준은 서로 다를 수 있겠죠. 그래서 나에게 중요한 기준이 친구에겐 별로 중요하지 않을 수도 있습니다.

여러분은 어떤 기준을 중요하게 생각하나요? 그건 아마도 자신이 처한 상황에 따라 달라지지 않을까요? 예를 들어, 병이 들거나 몸이 허약한 사람은 건강이 최고의 가치라고 생각할 테고, 배움을 마치지 못한 사람은 지식과 학력을 중요하게 생각할 수 있겠죠.

기업에서 상품을 판매할 때에도 이런 점이 중요합니다. 더 많은 소비자에게 상품을 팔기 위해서는 다양한 소비자의 취향과 조건을 파악해야 합니다. 상품을 구입할 때 한 가지 조건만 고려하는 것은 아닙니다. 무

조건 품질 좋은 물건이 더 많이 팔리는 건 아니에요. 품질이 좋아도 가격이 비싸면 많이 팔리긴 힘들 거예요. 반대로 품질이 조금 떨어지더라도 가격이 저렴하면 물건이 많이 팔릴 수 있습니다. 가격과 품질은 모두 물건을 구매할 때 고려하는 조건이고, 사람들은 자신의 처지와 취향에 맞게 물건을 선택합니다.

사람을 평가할 때도 이와 마찬가지입니다. 사람들은 제각기 수많은 특징과 장단점을 가지고 있습니다. 각각의 특징은 어떤 상황에서는 필요하고 또 다른 상황에선 필요가 없을 거예요. 예를 들어 농구선수에게 큰 키는 장점이지만 체조선수에게는 단점이 되듯이 말입니다.

아름다움은 사람이 가진 다양한 가치 중 하나입니다. 아름다움은 분명 중요합니다. 하지만 인간이 가진 모든 가치 중에서 가장 중요한 건 아니에요. 또 아름다움이 모든 문제를 해결해 주지도 않습니다. 그것은 우리가 처한 상황과 조건이 모두 다르고, 우리가 해결해야 할 문제가 모두 다르기 때문입니다.

비슷한 듯하면서도 다른 단어가 '멋있다'와 '예쁘다'입니다. 아름다움을 나타내는 단어는 흔히 남자와 여자에 따라 다르게 붙곤 합니다. 남자에게 '멋있다', 여자에게 '예쁘다'고 하면 자연스럽게 들리지만 남자에게 '예쁘다', 여자에게 '멋지다'고 하면 조금은 어색하게 느껴지는 사람도 있을 것입니다. 그런데 요즘은 그런 구분도 희미해지는 것 같습니다. 이젠 종종 남자에게 예쁘다고 표현하거나 여자에게 멋있다고 합니다.

남자와 여자에게 쓰이는 표현이 확연히 구분되는 것은 그 성별의 역할과 관련 있습니다. 남성이 주도권을 잡고 있던 남성시대에는 남녀의 성벽은 서로 넘나들지 못할 정도로 높았습니다. 하지만 요즘은 남녀의 역할 구분이 분명하지 않아 여성을 표현하거나 남성을 수식하는 표현의 구분 역시 모호해졌습니다. 그렇다면 여성시대가 오면 어떻게 될까요?

동물과 인간의 사회적 특징에 대해 오랫동안 연구해 온 최재천 교수는 《여성시대는 남자도 화장을 한다》는 책을 통해 여성의 권리가 커지는 시대가 되면 남성도 화장을 할 것이라는 예언을 했습니다. 실제로 여성의 역할이 중요한 마사이족의 어떤 부족에서는 남자가 여자에게 선택되기 위해 화려한 화장을 한다고 합니다.

　마사이족의 경우가 아니더라도 주변에서 이러한 변화를 예측할 수 있습니다. 강인한 남자보다 부드럽고 자상한 남자, 근육이 불끈 솟은 남자보다 꽃미남 스타일이 인기가 많아진 것을 보면 말이죠. 게다가 남성용 색조화장품이나 피부 관리 용품들의 판매율이 높아진 점이나 남성이 좀 더 아름다운 얼굴을 얻기 위해 성형수술을 하는 것도 놀라운 일이 아닙니다. 어쩌면 우리 사회에는 이미 여성시대가 도래했는지도 모르겠네요.